熱量ドリブン
ファンマーケティング新戦略

Passion
Driven
Strategies

クラスター株式会社

プレジデント社

目次

CONTENTS

CONTENTS

Chapter.01

初歩から三歩先へ。今から始めるファンマーケティング

Part.1

マーケティングに適したフィールド：メタバース

これからのマーケティング戦略において、メタバースは無視することのできないツールであり、フィールドです。

この言葉に、疑問符が浮かぶ人も少なくないでしょう。メタバースといってイメージされるのは、アバターを介してコミュニケーションを楽しんだり、仮想空間でイベントを開催したり、NFT（Non-Fungible Token）化したデジタルアートやゲームアイテム、アバターなどを売買したりする空間だと思います。なかにはオンライン会議のために利用したり、バーチャルオフィスやバーチャル教室として入ったりしたことのある人もいるかもしれません。

しかし、マーケティング施策を検討する際、メタバースを真っ先に思い浮かべる人は、まだほとんどいないでしょう。

ただ、メタバースほどユーザーをファン化し、ロイヤリティを高めることのできる空間はないというのが、私の考えです。そういえる前提として、10〜15

年後にはリアルな世界で過ごす時間とバーチャル、特にメタバース上で過ごす時間の主従が逆転し始めると予想されています。

ロイヤリティ醸成を後押しする特徴が豊富

リアルとバーチャルが逆転する、そんなことが本当に起こるのかと思うかもしれません。しかし、世界でもっとも利用者の多いメタバースプラットフォーム「ROBLOX」の現状を見ると、月間アクティブユーザー（MAU）数は、すでに4〜5億人に達し、そのうちの54％を13歳以下が占めています。アメリカの13歳以下はYouTubeやNetflix、FacebookよりもROBLOXのプレー時間のほうが長いというデータがあるそうです。MAUを24歳以下まで広げると、実に全体の62％にまで割合は上昇します。

ざっと3億人近い子どもや若者が、メタバース空間で長い時間を過ごしているのです。彼らにとって、メタバースは何ら特別な場所ではありません。その感覚は大人になっても変わることなく、メタバースを利用するのが当たり前であり、生活の一部だという時代がくるはずです。

メタバースがマーケティングに適している理由は他にいくつもあります。詳細については本書の中で説明していきますが、大きな特徴として、アバターというユーザーの分身となるキャラクターを介して、メタバース空間内に存在できる――バーチャルの世界にあって身体性をともなうことが挙げられます。

つまり、SNSや動画視聴サービスなどのインターネット利用と比べて、よりリアルの世界に近い、体を使ったコミュニケーションや体験をできるということです。

リアルタイムなライブ性があることや、表現の幅が広く無意識の創作性を刺激する文化があることなども、ロイヤリティの醸成には大きく役立ちます。当たり前のことですが、メタバースは仮想空間ですから、ネットワークに接続できる環境さえあれば物理的な距離を超えて、世界中どこからでもアクセスできますし、実は心理的安全性を確保しやすいのもメタバースならではの優位性といえるかもしれません。

とはいえ、メタバースがマーケティングに有用であることをにわかには信じられない人も多いでしょう。それについては、順を追ってじっくりと説明していきます。

Part.2

購入者をいかに「ファン化」するかが、ビジネス成長の鍵

マーケティングに触れたことのあるビジネスパーソンなら、「パーチェスファネル」と「インフルエンスファネル」という言葉を耳にしたことがあるでしょう。パーチェスファネルとは、「パーチェス（Purchase）＝購入」と「ファネル（Funnel）＝漏斗」を組み合わせた言葉で、顧客が商品・サービスを認知してから購入に至るまでの心理変化や行動を段階分けしたモデルのこと（図1）。商品・サービスを認知した顧客が購入に至るまで、ふるいにかけられたように人数が減っていく様を、理科の実験などに使う逆三角形の漏斗になぞらえて、この名称がついています。

対してインフルエンスファネルとは、顧客が商品・サービスを購入した後の心理変化や行動などを段階分けしたモデルのことを指します。「インフルエンス（Influence）」は、影響や影響力、感化といった意味を持つ言葉です。

商品・サービスを繰り返し購入するうちに、ブランドに対する愛着が生まれてファンとなり、他の人にもその商品やサービスを共有・紹介するようになる。そして、その先には自ら情報を発信する側となって、他の人に影響を与えるようになるというように、ロイヤリティの高まりとともに行動が変化していくことを表しています。

　ここまでロイヤリティという言葉を当たり前のように使っていますが、マーケティングにおけるロイヤリティとは、顧客が特定のブランドや商品などに対して抱く愛着や信頼、共感のことを指しています。

　どちらのファネルも、実施してい

図1▶パーチェスファネルとインフルエンスファネル

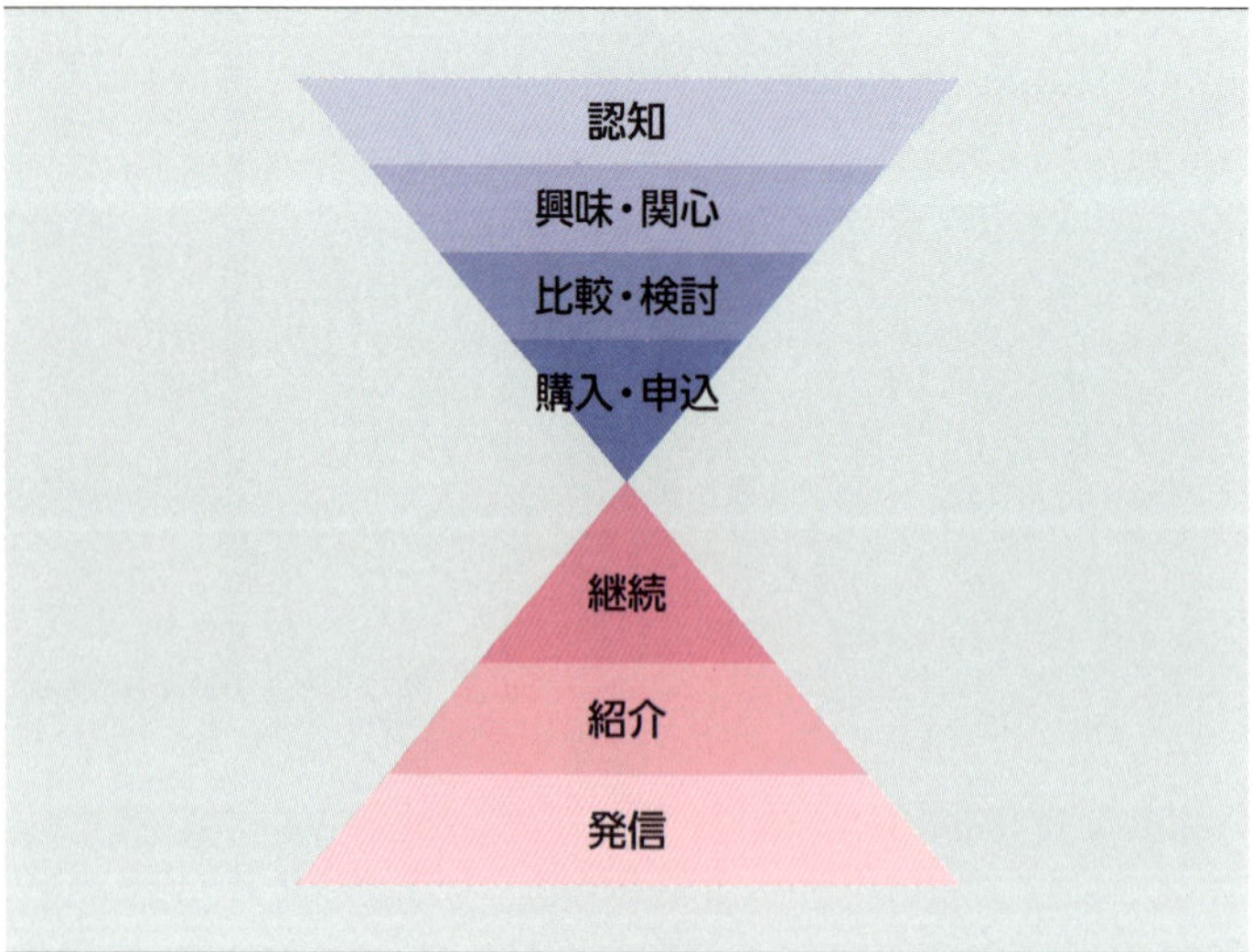

出典：

るマーケティング施策によって獲得したデータを各段階に当てはめていって、フェーズごとの人数変化を分析することで施策の効果を測ることができます。この両者のうち、メタバースが効果を発揮するのは「インフルエンスファネル」のほうになります。

生活者一人ひとりの発信力を活用

インフルエンスファネルが活用されるようになった背景には、生活者の発信力が高まっていることが関係しています。インフルエンサーをイメージするとわかりやすいでしょう。現代では、世の中にあふれかえっている商品・サービスの中から何を選ぶのか、その意思決定に口コミやレビューが及ぼす影響が非常に高くなっています。そのため、単に購入者を増やすだけではなく、購入した人たちのロイヤリティを高めることで「ファン」になってもらい、自ら商品・サービスの魅力を発信してくれる広告塔になってもらおうというわけです。

近年、ファンマーケティングの注目度が高まっているのは、そうした時代背景から、購入者を「ファン化」することが最重要課題となっているからです。

Part.3 企業や行政が大切にするべき、〝ファン〟とは一体誰なのか？

昔から、「好きなものには財布の紐が緩む」人は少なくないでしょう。カレー好きなら、初めて入った飲食店で珍しいカレーを見つければ、多少値段が高くても一度味わってみたいと思うもの。好きなキャラクターのグッズがもらえるからと、割高な商品を購入した経験のある人もいるはずです。アーティストのライブで限定グッズを大量に買ってしまうのも、推しを応援したい、いつもそばに感じていたいといった愛情の表れだといえるでしょう。

〝好き〟という感情は、モノを購入するときの大きな動機であり、近年のマーケティングにおいても重要なテーマになっています。

ファンマーケティングも、生活者の〝好き〟を活用したマーケティング手法の1つです。これは、企業や商品・サービスに対して愛着を持ったファンを増やし、継続的に購入してもらうこと、つまりＬＴＶ（Life Time Value）を高めていく手法として多くの企業が取り組んでいます。

具体的な手法としては、例えば商品やサービスの購入者・利用者が交流するファンミーティングを実施するなど、購入者・利用者同士のコミュニティを形成して、その中でロイヤリティを高めていくといった方法があります。ほかにも、定期的なメルマガの配信や限定キャンペーンといった手法を用いるケースもあるでしょう。商品やサービスの特徴に応じて、多くの企業が試行錯誤を繰り返し、多様な施策を行っているはずです。

ただ、一口に「ファン」といっても、人によって〝好き〟という熱量にはグラデーションがあります。商品を見かけると必ず手に取ってみるというファンもいれば、強い愛着があって、その商品を自ら探して回るファンもいるでしょう。なかには新作の情報を聞きつけたら、たとえ遠い場所であっても駆けつけて購入するといった熱烈なファンも一定数いるものです。そのため、効果的なマーケティング施策を行うためには、自社がどのようなファンの醸成を目指すのか、そこをはっきりさせておく必要があります。

「ファン」の意味を精選版日本国語大辞典で調べてみると「熱心な愛好者」とあります。そもそも「ファン」とは「熱狂者」を意味する「fanatic」を短縮した言葉です。

そのため、企業やブランド、商品・サービスに対して強い愛着を抱き、新製品が出れば真っ先に購入してくれるような熱量の高いファンを醸成することが、ファンマーケティングにおいては非常に重要なテーマの1つになっています。

〝アンバサダー化したファン〟が持つ、大きな影響力

では、企業が大切にするべきファンとは、どのような存在なのか。継続的に商品やサービスを購入・利用してくれるだけでいいのでしょうか。新しく提供される商品やサービスを、積極的に利用してくれるだけでいいのでしょうか。

第一段階としては、そこを目指すべきでしょう。しかし、できることなら購入・利用するだけにとどまらず、商品・サービスの魅力を自ら発信し、周りの人たちも感化してしまうような〝アンバサダー化したファン〟の醸成を目指すべきです。

アンバサダーとは、企業や自治体などに任命されて、公式に広報、普及活動

を行う人のこと。身近な例でいえば、芸能人が任命される「○○大使」などはまさにそれです。

しかし、本書でいう〝アンバサダー化したファン〟とは、認知度の高い特定の著名人を指しているわけではありません。誰かにいわれたから普及活動を行うという受け身の姿勢ではなく、企業や商品・サービスに対する〝好き〟という思いが体の中からあふれ出て、周りにも自ずと〝好き〟を伝播させてしまうような存在のことです。

そのようなファンを醸成できれば、周りにいる熱量の低い人をも感化して、ともにロイヤリティを高めていってくれることが期待できます。例えば、あるアーティストの熱狂的なファンに誘われてライブに行ってみたら、それまで知らなかった魅力や楽しみ方をいろいろ教えてもらえた。おかげで、過去最高にすばらしい時間を過ごすことができ、遠隔地のライブにも足を運ぶほどハマってしまった――。こういった話は決して珍しいことではありません。

つまり、ファンマーケティングによって目指すべきは、顧客の熱量を高めて〝アンバサダー化したファン〟をつくることだといえます。

Part.4

なぜ今、ファンマーケティングが求められているのか

近年、ファンマーケティングの重要性が高まっている背景にあるのは、生活者の発信力が大きくなっていることだけではありません。

これまで行われていたマーケティングの主流が、潜在顧客へのリーチ量を確保すること、要は新規顧客の開拓に重きが置かれていたことにも起因していま す。産業が成熟している日本では、日々多くの商品やサービスが市場に送り出されていて、その中で抜きんでるのは容易なことではありません。しかも、人口は減少し、市場もシュリンクしている状況が重なり、新規顧客を獲得する難易度は高く、今後ますますハードになっていくでしょう。

このような市場環境の中で成果を出すために、多くの企業が試行錯誤を重ねています。一方で、デジタルマーケティングの技術や手法はテクノロジーの発達とともに進化しており、新たな顧客にリーチする精度は飛躍的に高まっています。過去の検索結果や購入履歴など、さまざまなトラッキングデータを分析

することで、購入可能性の高い商品やサービスの情報をターゲットへ、欲しいと思わせる形でおすすめすることができるようになっています。

しかし、趣味嗜好が多様化した結果、潜在的な顧客の母数が少なくなっているため、獲得できる顧客数にはどうしても限界がきているわけです。

リーチを獲得するため、インフルエンサーマーケティングに取り組む企業もかなり増えてきています。インフルエンサーの人数も増大し、今ではフォロワーが2000〜3000人しかいなくても、インフルエンサーと呼ばれる時代です。その結果、例えばコスメに興味のある生活者がコスメ情報を発信しているインフルエンサーを何人もフォローするなど、複数のインフルエンサーから発信される情報をキャッチしている生活者が増え、同ジャンルのインフルエンサーにおいては、大半のフォロワーが重複しているケースが多くなっています。

この状況が加速していくと、どこかで閾値を超えてしまい、インフルエンサーマーケティングの効き目が落ちる可能性も出てくるでしょう。すでに感じているマーケターもいるかもしれません。つまり、リーチできる潜在顧客が限定的になっていく危険性があるわけです。

既存顧客への販売コストは、新規顧客の20%

ファンマーケティングの注目度が高まっている理由には、ポジティブなものもあります。それは顧客を新規で獲得するよりも、コストが安く済むということです。

趣味嗜好が多様化している現代において、新規顧客を獲得するためには、さまざまな施策を実行する必要があり、マーケティングコストも膨らんでいます。電通の調査によれば、日本における2023年の総広告費は前年に続き過去最高を更新したそうです。その額、通年で7兆3167億円。そして、この額は今後さらに増えていく可能性が高いでしょう。

広告費の大部分は新規顧客を獲得するために費やされていますが、多くの企業にとってマーケティング費用の増大は悩みの種にもなっているのが現状です。そのためマーケティングコストの最適化という観点から、既存顧客をターゲットにしたファンマーケティングに目を向ける企業が増えているのです。というのも、新規顧客に販売するより既存顧客に販売するほうが、5分の1のコストで済むといわれているからです。また、顧客離れを5%改善すれば、利益率が最低でも25％改善されるともいわれています。つまり、新規顧客開拓よりも、既存顧客のＬＴＶを高めるほうが売上向上に結びつきやすいということです。

ただ、新規顧客を獲得するためのマーケティングよりも、ファンマーケティングのほうが優れているといいたいわけではありません。あくまでもファンマーケティングは、新規顧客獲得を目的としたマーケティングと一緒に行うことで相乗効果を得られるものだと、私は考えています。両者は目的が異なるため、バランスをとりながら併用するのが、賢いマーケティングだといえるでしょう。

顧客へのリーチ量を増やすことで、新規顧客を開拓して売上をつくるのは非常に重要です。ただ、リーチ量を増やすだけでは、一回購入しただけで離脱してしまう顧客がどうしても出てくるでしょう。それを避けるために、顧客のロイヤリティを高めていき、繰り返し購入してくれるファンをつくる施策を組み合わせる必要があるのです。熱量の高いファンを多く獲得するということは、サブスクリプションのように一定額の売上を安定的に見込めるようなものです。

そこからさらに、アンバサダー化したファンにまでロイヤリティを高められれば、ファンが自ら新規顧客を獲得してくれることも期待できます。

Part.5

ファンの口コミやレビューには生活者を動かす力がある

ここまでの説明で、ファンマーケティングの必要性は何となく気づいてもらえたとは思いますが、もう少し補足しておきましょう。

マーケティングにおいて生活者の趣味嗜好を踏まえた個別最適化が進んでいる背景には、世の中に膨大な情報があふれかえっているという現実があります。ある調査会社のデータによると、2025年には世界中にある砂粒の175倍にも及ぶデジタルデータが、全世界で生成・消費されるといわれています。あまりにも膨大すぎて、具体的な量などさっぱりイメージできないほどの、デジタルデータの海の中で生活するようになるというわけです。

これほど膨大な情報の中から、自社の商品やサービスに関する情報をユーザーに見つけ出してもらうのは容易なことではありません。仮に、自社の情報にアクセスしてくれた人がいたとしても、興味を持ってもらい、購入まで進んでもらうのは生半可なことではないでしょう。長引く不景気によって消費に消極的になっている分、財布の紐が相当かたくなっているからです。そのためにリーチを稼ぐマーケティング手法が年々進化してきてはいますが、前述の通りマーケティングコストがかさむというジレンマに陥ってしまっています。

それがファンであれば、向こうから情報を探してくれるわけです。日々、大量の迷惑メールが届いていて、読むことなく削除するのが当たり前になっていても、好きなブランドから届いた情報には必ず目を通してくれるでしょう。顧客に情報を届けるという非常に高いハードルが、そもそもないに等しいのです。

また、X（旧Twitter）やTikTokなど、ユーザー発信型SNSの発達によって、人を介した二次情報、三次情報の影響力が非常に強くなっています。身近な例でいえば、口コミやレビューがわかりやすいでしょう。あまり知らない街で飲食店を探すとき、グルメサイトの口コミを頼りにする人は多いはず。仕事の接待でお店を探すとき、友人たちと飲み会を開くとき、普段あまり利用しないジャンルのお店を探すときなども、口コミやレビューは重宝します。

企業が自社商品について公式アカウントで情報を発信しても、「良いことばかり書いてあって当たり前」という意識が生活者にはあります。そのため、商品やサービスの善し悪しを見極める判断基準を、第三者の意見に求める傾向が強くなっているわけです。その結果、信ぴょう性のありそうな口コミやレビューに書かれている情報を、人々は重視するようになりました。

そして、口コミの中でも単に「良かった」、「買って損はない」と簡潔に書かれているだけのものよりも、商品に関して事細かに書かれているものをより信用する傾向もあります。情報が細かく、詳しいほうが参考にすべき情報を多く得られるというだけでなく、口コミを書いた人の商品に対する思い入れも伝わるため、信ぴょう性の高さが感じられるからです。

その点、ファンは商品・サービスに対するロイヤリティの高さゆえに、口コミの内容も熱量の高いものになりやすいもの。「おすすめの理由」なども詳細に書いてくれるので、読み手の心を動かす力も強くなります。

また、ファンマーケティングを通じて既存顧客から意見や要望といったフィードバックを集めて分析することで、その後の商品開発やサービスの品質向上につなげることもできます。ファンだからこそ気づく改善点やアイデアもあるでしょう。さらに、ファン発信のアイデアや要望を反映した新商品が発売されれば、ファンのロイヤリティもより一層高まるはずです。

Part.6

ロイヤリティの高さを見極める基準「雑談」

これほど多様なメリットが期待できるファンマーケティングですが、どうすれば、購入者をファン化し、さらにアンバサダー化したファンへと昇華することができるのでしょうか。その方法を語る前に、まずはファン化しているのかどうかを見極めるための指標が必要です。

購入回数を1つの指標に考えているケースも少なくないでしょう。しかし、一度購入したからといってファンになるわけではないですし、二度、三度とリピートしてくれたからといって、ファンとはいい難い顧客も数多く存在します。

イメージしやすい例として、プリンターのインクなど消耗品がわかりやすいでしょう。インクは、基本的にメーカー指定の製品が決まっています。そのため、インクに愛着があろうとなかろうと、プリンターを買い替えない限り、同じものを繰り返し購入することになります。買うときも、ECサイトの購入履歴から機械的に「再度購入」を選ぶだけでしょう。その商品に愛着などないので、口コミに熱いコメントを残すようなこともありません。

そこで鍵となるのが、熱量です。商品・サービスに対する熱量が高ければ、購入回数に関係なく、その良さを多くの人に知ってもらいたいという思いが湧き上がってきます。

とはいえ、熱量は形のあるものではなく、定量的に計測することが難しい。SNSマーケティングにおいては、熱量を計測する指標として「いいね」「コメント」「拡散」などの数を用いることが多いでしょう。確かに、こういった指標の多寡によってユーザーが対象となるものにどれだけ興味・関心を持っているか推測することはできます。

しかし、昨今は意図的に「いいね」の数を操作したり、それをビジネスにしたりするケースも出てきているため、頭から信用していいものなのか疑問が残ります。SNSで不用意な発言をすると炎上したり叩かれたりすることもあって、本音を発信しにくく、ポジショントークが多くなっているという側面もあります。そのため、「いいね」「コメント」「拡散」量が多いからといって、それが以前ほどの熱量を測る指標になり得るのか、その信用がおけなくなりつつあります。

熱量をはかるなら雑談に注目せよ

そこで、私が注目しているのが「雑談」です。ある程度親しい間柄の人たちが集まって、とりとめのない話をする雑談。

雑談は、頭に思い浮かんだ話題について、ああでもないこうでもないと、気の向くままに話すものです。そのときに何となく興味を持っている話題や天気について、昨日のテレビ番組についてなど、テーマはさまざまです。大抵は無意識のうちに頭に浮かんだモノ・コトを、なんとなく口にしていることが多いでしょう。

例えば、営業活動で顧客を訪ねたとき、会話のないすき間時間を埋めるように「今日は雨ですね」、「外出するのが嫌になるほど蒸し暑いですね」といった会話をすることがあります。それ自体には何の意味もないでしょうが、道中で見たり思ったりしたことが無意識のうちに口をついて出ているのです。もしくは相手に共感してもらえる話題を、意識するともなく選んでいるからかもしれません。それは裏を返せば、他愛もない天気のことが、それだけあなたの興味・関心を引いていたともいえます。

このように、雑談にはそのとき・その人が・何に興味を持っているのかが表れやすいという特徴があるのです。つまり、雑談に占める話題のシェアを見ることで、雑談に参加している人たちが、何に、どれほどの熱量を持っているのかを測ることができるわけで、シェアが高いほど興味の対象になっているといえます。友人と2人で雑談しているとき、興味のない話題を振られても、自分にその話題に関する情報がなければ会話はすぐに途切れてしまいます。しかし、自分も興味のある話題であれば会話は弾み、雑談の中に占めるシェアもどんどん高まっていくことになるでしょう。

人は四六時中、プレゼンテーションをするかのように意識的に何かを説明しているわけではないので、1日の会話における大半は雑談です。その中で、自社ブランドや商品・サービスの話題が仮に1割を占めていたとしたら、その人たちにとって、かなり熱量が高いといえるのです。

Part.7

雑談で結びついたコミュニティではロイヤリティが高まりやすい

雑談は、会話に参加している人たちの熱量を測れるだけでなく、熱量を高めるきっかけにもなります。

一昔前は、学校に行くと「昨日のあの番組、見た?」という話で盛り上がったものです。今ほどメディアが多様化していなかったこともあり、子どもにとっての共通話題は、そのほとんどがテレビ番組だったからです。

最初は、番組を見た友人の間で緩く雑談が交わされるだけですが、その中に1人でも熱量の高いメンバーがいると、会話全体の熱量が次第に高まっていきます。同じ学校というコミュニティにいる気安さもあって、番組の良いところ、おもしろかったところ、出演者について、嫌だったところなどを本音で話せます。相手の発言に対して、自分がどう思うのかも素直にいいやすい雰囲気があるでしょう。そのため、会話の入り口がとりとめのない雑談だったとしても、いつの間にか会話の内容はその番組のことばかりになり、ああでもないこうでもないと盛り上がっていきます。最初はあまり会話に入ってこなかった友人たちもいつの間にか話に夢中になり、気がつくと時間が過ぎていったものでした。

番組を見ていなかった人が雑談メンバーの中にいても、番組について楽しそうに会話する友人を見ているうちに、「来週は見てみよう」という気持ちになる人が出てくるかもしれません。そうして翌週には、会話の中に入って楽しそうにしている……。そういった光景も珍しくありませんでした。

これはテレビ番組に限ったことではなく、コマーシャルや巷で人気の商品、話題の新商品など、そのとき興味の対象になっているものが雑談の中で取り上げられ、そこからより人気に火が点いたり、話題になったりしたものです。

また、近年では雑談が組織に与える効果が見直されてきています。

例えば、組織の結束力を高めるために雑談が役立つと考えられているのです。雑談をしているチームは自然とコミュニケーション量が増え、仕事の話もよくするようになります。その結果、仕事に対する互いの考え方を理解することにつながり、意思決定した際の納得度も高くなるというわけです。

雑談は、仕事脳をリセットする効果もあります。リフレッシュした脳へとりとめのないさまざまな話題が入ってくることで、仕事のことばかり考えていたときには浮かぶことのなかった発想や思考が生まれることがあるそうです。これは、お風呂に入っているときや散歩しているときなど、リラックスしているときに良いアイデアがふと浮かぶことと近いかもしれません。

こういった効果は、会社の組織に限ったことではなく、どのようなコミュニティにおいても期待できるものです。コミュニケーション量の増加はコミュニティ内のつながりや相互理解を濃くしてくれるので、そこで交わされる会話や共有している話題への熱量をより高いものにしてくれます。多様な発想が生まれやすいということは、話題の中心となっている対象の新たな魅力を発見したり、より楽しむための視点を見つけたりすることにもつながるでしょう。

デジタル化でターン制のコミュニケーションが主流に

ただ、SNSが発達し、日常的なコミュニケーションツールとして広く活用されるようになった現在、リアルな世界において雑談が生まれる機会は限定的になってきています。生活者の趣味嗜好に合わせて発信する情報の個別最適化が進んだ結果、誰もが知っている共通の話題というもの自体が減っているからです。Aさんは○○という商品を知っていても、Bさんはその存在を知らないということが少なくありません。これでは、Aさんが雑談の中で○○について触れても「ふーん」で会話が続かず、そこで○○の話題は終わってしまいます。

もちろん、学校の友人同士などであれば何かしら共通の話題があり、雑談も盛り上がりやすいですが、話題の中心は学校内の出来事など身近なものであることが多く、企業や商品・サービスが話題の中心を占めるには、世の中でムーブメントを起こすほど話題になっていない限り難しいといわざるを得ません。

そのため、インターネット上に共通の話題で盛り上がれる仲間とのつながりを求めるようになっています。ただ、インターネットでは雑談が生まれにくいという特性上の問題があります。

例えば、コロナ禍によってテレワークが広がったことで、WEB会議もかなり普及しました。ただ、経験がある人なら誰しも感じていることだと思いますが、相手と話し出すタイミングがかぶってしまい、お互い譲り合ったりすることが少なくありません。そのため、相手が話し終わるのを確認してから自分が話し出すという習慣がついてしまっていないでしょうか。

これはＳＮＳなどデジタル空間におけるコミュニケーションも同様です。コミュニケーションの手段がテキストであれ画像や動画であれ、ターン制のコミュニケーションになってしまうのです。

相手が発信したコンテンツを受け取ってから、それについて返答するというコミュニケーションばかりで、会話している人たちの横でこっそり隣の人と会話をするといった、複合的な会話ができません。誰かが話しているところに割り込んで意見をいったり、隣の人と感想をいいあったりできる緩さが雑談の良いところなのに、それが阻害されてしまっているわけです。

しかし、デジタル上のターン制コミュニケーションに慣れてきたからといって、リアルな世界における雑談のような会話が求められていないかというと、そうではありません。むしろ、若い人たちの間では、デジタルツールを活用した緩いつながりを求める傾向は強くなっているといえます。

例えば最近、Ｚ世代の間で人気のアプリに「パラレル」があります。１００万Ｕ

U（ユニークユーザー）くらいの規模があり、友人とゲームや音楽、動画などを一緒に楽しみながら会話できるというボイスチャットアプリです。このアプリはリアルの友人同士で使っているケースが多いようで、「はじめまして」を生み出す拡散性はありませんが、友人同士でつなぎっぱなしにして、とりとめのない会話をするのに使っているようです。要は、自宅に戻ってからも友人と延々、雑談を楽しむために使っているわけです。

大人からしてみれば、雑談といえば実際に顔を合わせてするものだと思いがちですが、若い世代にとっては「リアルのほうが伝わる」とは思っていないのかもしれません。そうであれば、デジタル空間において、雑談が生まれる場をつくることができれば、熱量の可視化ができるだけでなく、ロイヤリティを高めてアンバサダー化したファンを生み出すことも可能だということです。

実は、雑談を盛り上げるデジタル上のフィールドとして最適なのがメタバースなのですが、詳しい理由についてはChapter.03で説明するとして、ここからは、雑談が生まれやすい場とはどのような条件を満たす必要があるのか、ということを考えていきましょう。

Part.8

新時代のマーケティング戦略。これからのコミュニティづくりを考える

当たり前のことですが、雑談は1人ではできません。だからといって、まったく知らない人同士では、相手のことを探りながらの会話にしかならず、なかなか話は深まっていかないものです。それに話のきっかけをつかもうとして、ずけずけと質問することもはばかられる世の中です。ハラスメントに対する意識が非常に高くなっているため、聞いていいこと、触れていい話題の範囲が狭く、微妙な内容は避けざるを得ないケースがとても増えているでしょう。容姿に触れることなどもってのほかですし、ファッションや出身地などプライベートな情報に触れるのもタブーとなることが少なくありません。

そういったことを踏まえると、気軽に雑談を楽しむためには、ある程度気心の知れた人同士であること、もしくは趣味嗜好など共通の話題がある人同士の集まり＝コミュニティであることが望ましいでしょう。気心の知れた間柄であれば、触れていいことや悪いことについてもそれなりに把握しているはずで

すし、多少失礼なことをいってしまってもフォローすることができます。また、同じものを好きな人同士であれば、話のきっかけに困ることはありません。

コミュニティとは、共通の目的や興味、地域などで結びついた人の集まりのことです。地域や会社、趣味の活動など、みなさんもすでになにかしらのコミュニティに所属しているはずなので、どのようなコミュニティであれば雑談が弾むのかはイメージできるでしょう。


雑談を楽しむためには、コミュニティが心理的安全性を確保できる場であることも大切です。心理的安全性とは、コミュニティの中で自分の考えや気持ちを誰に対してでも安心して発言できる状態のことを指します。自分のことを理解している人たちの集まりだから、安心して思っていることを発言できるというのも心理的安全性の1つですし、外部からある程度遮断された空間であることも、重要な要素の1つになります。

誰でも自由に出入りできるオープンな場所だと、気づかないうちに誰かに聞かれてしまう危険性があるため、話す内容にも気を遣うもの。話し相手のプライベートな話題に触れることは極力避けようとしますし、自分の悩みなどセンシティブな話題を打ち明けるようなことはしにくいはずです。

他方、雑談そのものにも心理的安全性をある程度高める効果があるといわれています。話している相手の表情や身振り手振りを見ることで、相手の感情を読み取りながらコミュニケーションをとれるところが安心感につながるからでしょう。そこがテキストだけのコミュニケーションとは違うところです。

過度な管理はコミュニティ衰退の原因

アンバサダー化したファンをつくるためのキーファクターが「雑談」だとすれば、ここまで説明したことを意識しながら雑談が発生しやすく、盛り上がりやすいコミュニティをつくり、運営することが重要になってくるといえます。

このようなコミュニティをマーケティングに活用する手法は、コミュニティマーケティングと呼ばれ、雑談をキーワードとした手法はありませんでしたが、実は古くから行われてきました。これが、近年にわかに注目度が上昇しているマーケティング手法でもあります。その理由は、すでに説明してきた通りで、新規顧客を獲得する難易度やコストが高くなっていること、新規顧客獲得のコストよりも既存顧客のロイヤリティを高めてLTVを向上させていくコストのほうが低いことなどが挙げられます。

その説明はファンマーケティングのことではなかったのかと思うかもしれませんが、実際、ファンマーケティングにおける1つの手法がコミュニティマーケティングなので、同じ説明が成り立つのです。

両者の違いは、対象をファン全体に置くか、コミュニティ中心に絞るかという点。そのため、コミュニティ運営に求められるノウハウや、雑談が発生しやすく、熱量が高まりやすいといったコミュニティだからこそ得られるメリットを除けば、全体の構造に違いはありません。

さて、コミュニティマーケティングの主な手法としては、企業が自社ブランドの顧客を対象にコミュニティサイトを立ち上げるというものがあります。その機能は、会員限定イベントを開催したり、顧客同士が交流できたり、企業の社員やスタッフと交流できたりなど、企業によってさまざまです。企業側も会員に特別感を抱いてもらうため、さまざまな趣向を凝らしています。

企業がコミュニティを運営する際にやりがちなことは、「一方的に自社商品・

サービスを宣伝する場」としてコミュニティを活用してしまうことです。

しかし、企業が運営するコミュニティサイトに参加しているほどの顧客は、そもそもブランドに対する思い入れがそれなりに強く、基本的な情報は持っていることがほとんどです。欲しい情報についても、それなりにこだわりがあるでしょう。そこを無視して企業都合の情報ばかり発信しても、顧客の心に刺さる可能性は低いといわざるを得ません。

そのため、コミュニティマーケティングにおいては企業と顧客における双方向の交流が非常に重要となってきます。コミュニティでしか明かされない特別な情報を開示して、それに対する反応にコミュニティスタッフも応えるとか、コミュニティ内のイベントにスタッフも参加して会員と一緒に楽しむとか。コミュニティ内の交流を活性化するために「Discord（ディスコード）」を活用している例もあります。Discordはもともとゲーマー同士のチャットサービスとして広まりましたが、現在ではビジネスシーンでも広く活用されています。

企業が立ち上げたコミュニティサイト以外にも、熱量の高いファンたちによって自然発生的にコミュニティが立ち上がることもあります。このようなコミュニティを企業がサポートすることでマーケティングに活用する方法もありますが、基本的にコミュニティの運営は顧客側が握っているため、企業がコントロールしにくいという問題があります。そのため、主な活用方法としてはコミュニティを観察することで何が求められているのかを把握し、ブランドのブラッシュアップなどに活かすという方向性になりがちです。

もっと踏み込んでプレゼントを提供したり、スタッフを送り込んで交流したりする方法もあります。しかし、自然発生したコミュニティの場合、そこで語られる内容やコミュニティ外へ発信される情報もコントロールできません。炎上につながるようなケースもないとはいえず、企業としてどこまで関与するかは難しい判断になります。

そのため、コミュニティマーケティングを行うには、ある程度コミュニティを企業が管理できることが望ましいといえるでしょう。ただし、管理体制が厳しすぎるとコミュニティメンバーの自由な発想や活動を制限してしまい、コミュニティそのものが「つまらない場所」になってしまう恐れもあります。

このバランスをいかにとるかが運営上のポイントになってきます。

Part.9

加速するゲームチェンジ。すべての鍵を握るのは「メタバース」だ

アンバサダー化したファンを醸成する場として「メタバース」が適していると述べましたが、そもそも「メタバースとは何？」という読者のために、その概要を説明しておきたいと思います。

メタバースとは、インターネット上の仮想空間です。アクセスしたユーザーは自分の分身であるアバターを介して、仮想空間の中を自由に動き回ることができ、他のアバターと交流することもできます。メタバース内でアイテムの売買も、ゲームを楽しむこともできます。ＮＦＴというブロックチェーン上での非代替性トークン技術によって、デジタル資産をＮＦＴ化してメタバース空間内での経済活動もしやすくなっています。

メタバースが話題となった当初は、ゲームやイベントなどで使われることが主流でした。しかし最近では土地や絵画の売買に加え、学校法人がメタバース内に教室をつくって不登校の子どもたちに教育支援を行うサービスなど、社会

と密接に関わりながら、活用の形は年々広がりを見せています。

メタバースという概念が最初に広がったのは、2007年頃のこと。3DCGで構成されたインターネット上の仮想空間が話題となり、土地の売買も行われるなど多くのメディアで取り上げられましたが、そのときは一過性のブームでした。しかし、2021年に旧Facebook社が「メタバースをつくる会社になる」ことを掲げ、社名をMeta Platformsへ変更したことなどもあり、再び注目されるようになっています。

三菱総合研究所が2022年に発表したリポートによると、メタバースの国内市場は2030年に約24兆円にまで拡大するだろうと予測されています。世界市場のほうは「令和4年版 情報通信白書」の中で、2030年に78兆8705億円まで拡大するという調査が紹介されているほど、今後の大きな成長が期待される市場です。

メタバースが注目される理由はいくつもありますが、特筆すべき特徴の1つはリアルタイム性でしょう。複数の人が仮想空間内において、同じ体験を共有できるというのは、かつてのメールやチャットといったインターネットにおけるコミュニケーションでは難しいことでした。通信速度など技術的な制約があったことも大きな理由ですが、スマホが普及して５Ｇの運用も開始されたことで、ライブ配信やオンライン対戦ゲームなど、リアルタイムな体験はもはや常識となっています。

メタバースの場合、このリアルタイム性に「身体性」が加味されていることが、非常に大きな特徴であり、優位性となっています。アバターという自分の分身を介して、身振り手振りといった動作をバーチャル空間で表現できるため、より豊かな感情を伝えることができます。いわば、デジタルでフィジカル(身体)を実感することができる、一歩進んだフィールドがメタバースなのです。

リアルタイムに豊かな感情表現ができるということは、雑談を通じて相手に熱量をより伝えやすいということ。同期体験ができるということは、体験を通じて感じた思いを、その場で一緒に体験した人と共有できるということです。

自分が創作したアイテムをデジタルアートとして思いを共有できる仲間に販売したり、誰かから購入したりすることによっても熱量は共有、拡散されていきます。このほかにも、アンバサダー化したファンを醸成しやすい特徴をいくつも備えているのが、メタバースなのです。

しくじりエピソード 1

企業とIPの知名度の高さに頼りきってしまい集客に失敗！

日本人であれば、ほとんどの人が知っている大企業が、メタバースでイベントを実施することになりました。内容は、大人気マンガとコラボして、マンガにちなんだゲームコンテストを行うというもの。マンガのIPを自由に使ってゲームづくりができる、しかも、大人気マンガであり、主催する企業も有名となれば、多くのクリエイターが興味を示して参加してくれると思っていました。それが、甘かった……。コンテスト応募開始と同時にアナウンスはしたものの、想定していたほどの応募者は集まりませんでした。

より多くの参加者を集めるためには、企業やIPの知名度頼りではいけなかったのです。企業やメタバース管理者側の独りよがりなトップダウン型のイベントではなく、企画段階からコミュニティへ積極的にアナウンスを行いながらコミュニティメンバーを巻き込んでいく、つまり、共創関係を早い段階からつくりあげていくことが大切だったと反省しています。ゲームをつくるのは作業期間だけで数カ月はかかるもの。参加するにはハードルが高かった分、イベント開始時にアナウンスするのではなく、事前に情報を出して一緒に盛り上げる雰囲気を醸成し、「参加してみようかな」と思ってもらう施策が必要だとわかりました。

デジタルマーケティングの歩みから、メタバースの優位性を知る

Chapter.02

Part.1

マーケティングの進化に見る、コミュニティマーケティングの必要性

　メタバースがコミュニティの熱量を増幅してアンバサダー化したファンを醸成しやすい理由をより明確に理解してもらうには、従来のリーチ至上主義型のマーケティングとの違いを知ってもらう必要があります。そのためにChapter.02では、これまでのマーケティングの歴史を簡単に振り返っていきたいと思います。

「そんなことはすでに知っている」という方は、ここは読み飛ばしてChapter.03へ進んでもらっても構いません。

　マーケティングとは、企業が自社の商品・サービスを効率よく販売するために行う活動のことで、市場調査や分析、商品開発、販売促進、顧客管理などさまざまな手法が含まれています。1990年以前は携帯電話を持っている人がまだまだ少なかった時代ということもあり、生活者に大きな影響を与えやすい

プロモーションを行う媒体としてはテレビ、新聞、雑誌、ラジオという四大メディアの活用が主流でした。それが一番多くの人にリーチできたからです。人気のあるタレントや著名人を起用してCMをつくって流したり、ファッションのモデルとして起用して雑誌に掲載したり。それを見た視聴者や読者は、その姿に憧れて、自分も同じものを着たい、食べたい、所有したいと願い、四大メディアで目にした商品・サービスを購入していました。

その後、パソコンが普及して携帯電話を使う人も多くなってきた1990年代後半から四大メディアに加えて、インターネット広告がプロモーションの場として活用されるようになっていきます。1995年にはWindows95が発売されて大きくメディアで取り上げられましたし、翌年には国内初の商用検索サイトであるYahoo!Japanがサービスを開始しています。1998年にはGoogleがロボット型検索エンジンを発表したことで、検索結果の上位に表示されるように工夫を凝らす検索エンジン最適化（SEO）対策が発達していくことになります。

ただ、インターネット広告といっても、その実態はそれまでの広告をWeb

に置き換えただけというものが多く、タレントや著名人を広告塔に採用してリーチを獲得するという構造に大きな変化はみられませんでした。

マーケティングのターゲットは、マスから個へ

2000年代に入ると、デジタルマーケティングの世界は急速に広がりを見せていきます。Googleが Adwordsをローンチしたことで検索型連動広告（SEM）が誕生します。これは検索キーワードと関連した商品・サービスの広告が検索結果画面に表示されるという仕組みです。Amazonや楽天市場などのECサイトが広く利用されるようになり、ブログやメールマガジンも普及しました。個人がブログを立ち上げてさまざまな情報を発信するようになり、そこに広告がつくことで収入も得られるようになります。この流れからアフィリエイト広告の活用も広がっていきます。

2000年代半ばには、Facebookや Twitter（現・X）などのSNSが次々と登場しました。これによって、生活者はより気軽にネットワークを通じて自らの意見を広く発信することができるようになります。それまで商品・サービス

に関する情報の発信者は基本的に企業でした。しかし、生活者が声を発信する手段を手にしたことで商品・サービスについて生活者目線の意見や要望が世の中に出回るようになったのです。企業側が発信していた情報の信ぴょう性を自分と同じ生活者のレビューや口コミによって確認できるようになったことで、生活者の声がどんどん大きくなっていきました。

この傾向に拍車をかけたのが、スマホの普及です。2007年にiPhoneが登場したことで、生活者の情報入手手段やコミュニケーションのあり方も大きく変わっていくことになりました。それまでのマーケティングにおいてターゲット層は大衆（マス）でしたが、生活者一人ひとりが情報発信の手段を手にしたり、ECサイトの普及によって個々人の趣味嗜好といったデータの入手が容易になったりしたことで、マーケティングの個別最適化が急速に進んでいくのです。その背景には、アドテクノロジーの進化もありました。個別最適化したマーケティングを行うには、膨大なデータを処理して分析して対象者が欲するであろう商品やサービスを非常に短い時間で選別し、対象者が使用しているデジタル端末に表示しなければなりません。このような課題を解決する技術として、アドエクスチェンジやDSP、SSPなどが開発されていきました。

Part.2

インフルエンサーマーケティングは、もはやピラミッド型になった

近年は、インフルエンサーマーケティングが非常に注目されています。インフルエンサーとは、「周囲へ強い影響力を及ぼす人」のことを指しています。一昔前であれば、タレントや著名人、有名なスポーツ選手など特別な存在の人たちがインフルエンサーだったでしょう。しかし、スマホの普及によって誰でも気軽に情報の発信者になれて、かつテキストだけでなく画像や動画を制作・発信できるようになったことで、フォロワーやチャンネル登録者を多く抱えている人もインフルエンサーと呼ばれるようになっています。ユーチューバーやインスタグラマー、ティックトッカーなど呼び方は違いますが、皆インフルエンサーだといえます。

インフルエンサーマーケティングとは、このようなインフルエンサーが持つ影響力をマーケティングに活用する手法のことです。自社の商品・サービスを

インフルエンサーに紹介してもらうことで、フォロワーやチャンネル登録者へのリーチを獲得することを狙っています。そのため、フォロワーが100万人を超えているようなメガインフルエンサーに注目が集まっていましたが、最近ではフォロワー数が1万人～10万人ほどのマイクロインフルエンサーを活用するケースも増えています。

どうしてリーチ数が限定されるマイクロインフルエンサーの存在感が増しているのかというと、ニッチな分野など特定の領域に強い影響力を持っていることが少なくないからです。また、人数が少ない分、フォロワーとの距離が近くエンゲージメントが高いため、企業からすれば費用対効果が高いというメリットが期待できるからです。

誰が発信している情報なのかが重要

インフルエンサーマーケティングが注目を集めている背景には、生活者の広告に対する意識の変化も影響しています。企業からの一方的なプッシュ型の広告を「わずらわしい」と感じたり「不快」だとブロックしたりする人が少なくありません。意図的な宣伝文句に対して敏感な生活者が、その信ぴょう性に疑問を感じる傾向が強まっているのです。

その一方で、自分が好意を抱いている人が発信する情報は簡単に受け入れる傾向も強まっていて、「この人がいっているなら」という動機づけによって商品・サービスを購入する人が大勢います。つまり、情報の内容以前に〝誰が発信している情報〟なのかが重視されるというわけです。

また、SNSメディアの成長によって四大メディアの影響力が下がっていることも関係しています。最近はテレビを見ない若者が増えていますし、博報堂DYメディアパートナーズの調査によると、20代の男女がスマホに接している時間はテレビのおよそ2倍になっているともいいます。

ただ、マーケティングの手法は複雑化・高度化してはいますが、リーチ数をいかに獲得するかという目的は四大メディアを活用してマーケティングを行っていた頃から変わっていません。また、情報の発信者と受け手で構成されているピラミッド型の情報伝達経路も従来のままです。実は、ここにコミュニティマーケティングが必要とされる理由があります。

Part.3

並列型コミュニティが、商品・サービスのロイヤリティを高める

フォローしているインフルエンサーが、SNSであるコスメを紹介していたとします。使い心地の良さや化粧のバリエーションの豊富さなど「自分も愛用している理由」について話しているのを見て購入してみたところ、インフルエンサーがいっていたことと同じ感想を抱いたので、友人たちにも勧めました。勧められた友人の中でコスメを気に入った人が数人いてSNSで発信したり、さらに友人に広めたりしていきました……。このように、情報が下流へいくほど受け手が三角形のように広がっていくところから、ピラミッド型の情報伝達経路という表現をしました。

これのいいところは、繰り返し話しているようにリーチを稼げる点です。多くのフォロワーがいるインフルエンサーを起点とすることによって、効率的に情報を広げていくこともできます。

ただ、下流にいくほど熱量が下がりやすいという欠点があります。また、イ

ンフルエンサーはあくまでも個人であって、企業の思うとおりに動いてくれるわけではありません。そのため、企業として出したいタイミングで、出したい場所に、出したい量の情報を流せるわけではないのです。

また、リーチ力を判断基準にインフルエンサーを選んでいるため、選んでもらいやすいようにフォロワーを水増しするインフルエンサーが出てきてしまっています。ステルスマーケティングを避けるため、投稿には「PR」や「AD」という文言をつけなければならなくなっていますが、それがない投稿もたくさんあるのが実状です。要は、企業のコントロールがあまり利かない仕組みになってしまっています。

好意の対象は「商品・サービス」ではなく「人」

何よりも大きな課題は、ファンが商品・サービスではなく、人についているという点です。〝誰が発信している情報なのか〟が重要視されるようになっているため、購入するときの動機も「推しが勧めているから」「推しが使っているから」であり、推しが別の商品・サービスを勧めるようになれば、そちらへ移ってしまう可能性が高いわけです。ピラミッド型の場合、どこまでいっても「信頼する人が勧めるもの」というところから抜け出しにくいといえます。

もちろん、中には商品・サービスそのものに魅力を感じて継続的に購入してくれるようになる生活者もいるでしょう。でも、その可能性はあまり高くないといわざるを得ません。

商品・サービスに対する愛着を深めていくには、それに何度も触れる、使う、楽しむという個人的な体験だけでなく、自分が感じているよさを誰かと共有したり、ほかの人が感じている良さを聞いて気づけなかった良さに気づけたりといった、会話の量と質も大切だからです。ピラミッド型のように、基本的に上流から受け取った情報を下流に流すだけでは、自分と同じような価値観を持った人たちとの横のつながりの中で会話を膨らませていくという機会はあまり生まれません。

そのため、ピラミッド型はリーチを多く獲得して新規顧客を開拓するのには適していますが、購入者のロイヤリティを高めてアンバサダー化したファンにするのに最適な方法とはいい難いというのが、私の考えです。そこで求められてくるのが、並列型コミュニティです。

空間と体験の共有こそ、ロイヤリティを高めるポイント

並列型コミュニティの好例の1つは、mixi（ミクシィ）だと思っています。ミクシィは日本発のSNSとして2004年にスタートしたサービスで、2006年に日本でもっとも利用者数が多かったSNSとして注目されました。サービス開始当初は、すでに入会しているユーザーから招待されないと利用登録ができない完全招待制のシステムを採用していて、共通の趣味や関心事のある人たちが集まり、数多くのコミュニティをつくっていました。写真撮影が好きな人たちのコミュニティがあったり、特定の書籍の愛読者が集まるコミュニティがあったりとテーマは実に多種多様で、コミュニティを構成する人数も2人から数千人規模と千差万別でした。

完全招待制ということもあり、不特定多数に投稿を見られる恐れもないため、コミュニティ内では本音に近いやりとりが頻繁に行われていました。この「閉

じられた空間を共有している者同士」という感覚もコミュニティの一体感を高めてくれていたのでしょう。

各コミュニティでは、対象への愛情の深さを語り合ったり、競い合ったり、ファン初心者が入ってくれば楽しみ方を教えてあげたりと熱量が高まっていく仕かけがいろいろ揃っていたように思います。

このように並列型コミュニティでは、誰もが情報の発信者になるし受け手にもなりながらコミュニケーションが自走していきます。情報のやりとりが頻繁に発生するだけでなく、徐々に内容が深まり熱量は高まっていくという特徴があるわけです。

図2▶ピラミッド型コミュニティと並列型コミュニティ

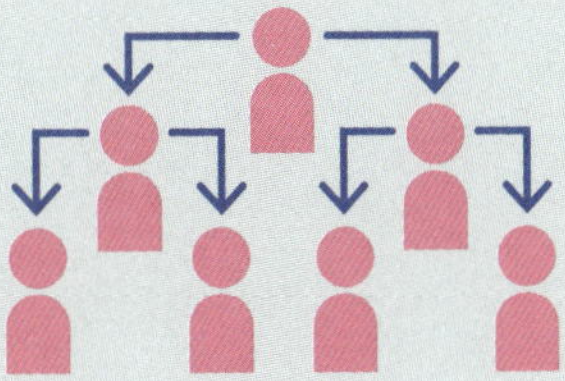

ピラミッド型

下流に行くほど情報を受け取る人が増えていくため、より多くのリーチを獲得するのに優れている。

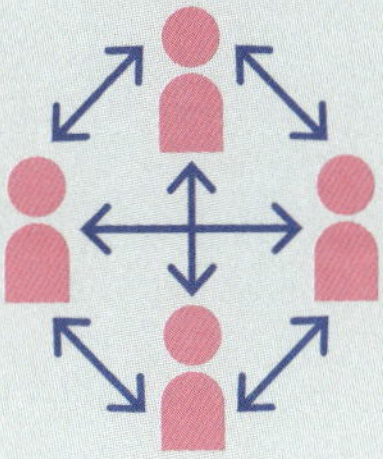

並列型

価値観を共有しているメンバー同士で情報のやりとりが繰り返されるため、ロイヤリティが高まりやすい。

出典：

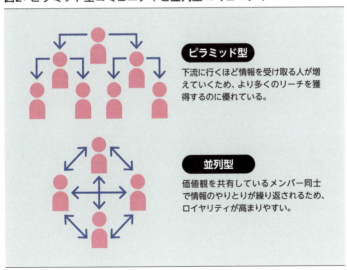

一方通行のコミュニケーションではない、体験の共有が大事

並列型コミュニティでロイヤリティが高まりやすい理由には、〝一緒に〟というコミュニケーションが生まれやすい点も見逃せません。新しく人の輪に入ったとき、自分から話しかけるのに躊躇した経験はありませんか。すでに仲の良いメンバー同士で話が盛り上がっている様子を、1人ポツンと眺めていたこと、常連客ばかりの居酒屋に入ったとき疎外感を覚えた経験がある人もいるでしょう。

知らない人に自分から声をかけるというのは、なかなかにハードルの高い行為だったりします。料理教室に通い始めたばかりの頃、「では、やってみてください」と講師にいわれても、1人では何をどうやればいいのかわからないことがあります。そんなとき、一緒にやりましょうと受講生の人から声をかけられると、ものすごくうれしいものです。質問し合ったり教え合ったりしながら課題に取り組んでいるうち、その受講生との心の距離が詰まるだけでなく、料理そのものも楽しく感じられるようになるものです。もし、1人だけで誰にも質問できずに料理していたら、料理そのものを好きになることもなかったかも

しれません。

ロイヤリティが高まる過程では、一緒に体験を共有するという行為はかなり重要なポイントになります。

しかし、タレントや著名人、インフルエンサーを介したSNSマーケティングでは、〝一緒に〟という状況は非常に希少です。タレントや著名人とファンが一緒に何かをするというイベントはあります。でも、参加人数は限定され、誹謗中傷にさらされたり、リアルイベントであれば危害が加えられたりしないよう万全の体制を整える必要があります。その分、準備にかかる工数もコストもかさむため、実施のハードルは高くなってしまうという課題があるからです。これはタレント化しつつあるインフルエンサーもたいした違いはありません。

そのため、タレントや著名人、インフルエンサーを介したマーケティングでは、〝やってね〟という一方通行のコミュニケーションが主流です。「見てね」「使ってね」「買ってね」……好意や信頼を寄せる相手の期待に応えるという喜びはありますが、それによって商品・サービスに対するロイヤリティの高まりは期待できないことはわかってもらえると思います。

Part.5

「メタバース」は、より進化した並列型コミュニティである

当たり前のことですが、〝一緒に〟何かをしようというコミュニケーションはリアルタイムで体験を共有できる環境があるときに起きやすく、盛り上がりやすいものです。一緒に食事に行こう、一緒にスポーツ観戦に行こう、一緒に映画を観よう……。リアルな世界では日常的な一幕ですが、インターネット上のコミュニケーションでは、意外と機会は限られてきます。

オンラインゲームに友人を誘って、Discordなどで音声通話をしながら一緒に遊ぶというのはこれに該当しますが、そのほかとなるとパッと思いつくものがありません。動画のライブ配信を多くの視聴者が観ているという状況はリアルタイムで体験を共有していることにはなりますが、視聴者同士のコミュニケーションがほとんどないため〝一緒に〟何かをしているかといわれると疑問を抱かざるを得ません。

視聴者にとって重要なのは、配信者の動画を視聴することであって、視聴という体験を他の視聴者と共有することにはないからです。

インターネット上でリアルタイムに体験を共有できる環境をあまり思い浮かべることができないのは、広く普及しているSNSがストック型コンテンツを主体にしているからです。

おいしかったお店の料理画像をSNSにアップしているのをよく目にしますが、それは投稿者が何分、何時間か前に撮影した過去のコンテンツです。YouTubeに投稿されている動画も、過去に撮影・編集されたもの。見たいときに見られる利便性や、多種多様な知見がアーカイブとして蓄積されている有用性は非常に高いものがありますが、リアルタイム性はありません。

このように書くと、X（旧Twitter）などはリアルタイム性に優れていると反論されそうです。

確かに、Xでは、リアルタイムで起こっている情報を入手でき、そのことについてポストすると誰かがコメントをつけてリポストしてくれるなど、リアルタイムでポストしたコンテンツやコメントが拡散していきます。ただ、この場合も情報を共有していることにはなりますが、〝一緒に〟体験を共有するというのとはニュアンスが違います。

体験を共有し、つながりが生まれる空間

では、リアルタイムで体験を共有でき、雑談をはじめコミュニケーションが加速しやすいインターネット上の並列型コミュニティとは何かというと、それがメタバースです。

なぜなら、Chapter.01でも少し触れたように、メタバースはリアルタイムコミュニケーションの機会にあふれているからです。アバターという自分の分身を介してバーチャル空間の中に入り込むので、そこで目にするもの、体験するものはリアルタイムのものばかりです。

周りにいるアバターたちもリアルタイムでその空間内にいるわけなので、アバターとの会話などのコミュニケーションもすべてリアルタイムのものになります。当たり前ですね。

しかも、メタバース内で体験できるコンテンツは1つではありません。「ワールド」と呼ばれるメタバース内につくられた仮想の空間がいくつも存在します。街や観光名所を再現した空間や現実世界ではありえない空の世界を形づくった空間など、さまざまな趣向を凝らした空間を体験することができます。

ワールドの中では、多種多様なイベントが開催されているのも特徴です。有名アーティストがバーチャルライブを開催していたり、音楽フェスで大勢のアーティストの演奏を楽しんだり、プロスポーツをみんなで観戦するイベントが行われたり。自動車メーカーが自動車を展示したり、試乗することができたりといった企業がPRを兼ねて開くイベントというものもあります。

それでいうと、企業やクリエイターが商品・サービスを展示・販売するイベントも少なくありません。

メタバースでは、ゲームを楽しむこともできます。例えば、現在、世界中で高い人気を博している「Fortnite（フォートナイト）」は100人のプレイヤーが勝ち残りをかけて戦うバトルロイヤルゲームです。ただ、ユーザーが制作したゲームを遊べたり、アーティストのライブが行われたりとゲーム以外の利用もされていることからメタバースの1つといわれています。

本書ですでに触れた「ROBLOX」もユーザーが制作したさまざまなゲームをプレイしたり、自身もゲームをつくれたりするゲームプラットフォームです。私たちが運営している「cluster（クラスター）」のようにゲーム主体ではなくても、クリエイターと呼ばれるユーザーがゲームを自作してイベントを開いたりするメタバースもあります。

そもそもメタバースというバーチャル空間は黙々と1人遊びすることを目的とした場ではなく、その空間にいるユーザーたちと体験を共有して楽しむための場です。

もちろん、中に入って仕事をしていたり、勉強していたり、寝ていたりする人もいます。楽しみ方は人それぞれですから、そのようなユーザーを排除するようなことはしませんが、やはりメインは同じ空間を共有している人たちと〝一緒に〟さまざまなコンテンツを楽しみ、コミュニケーションを通じてつながりが生まれる場なのです。

Chapter.02
デジタルマーケティングの歩みから、
メタバースの優位性を知る

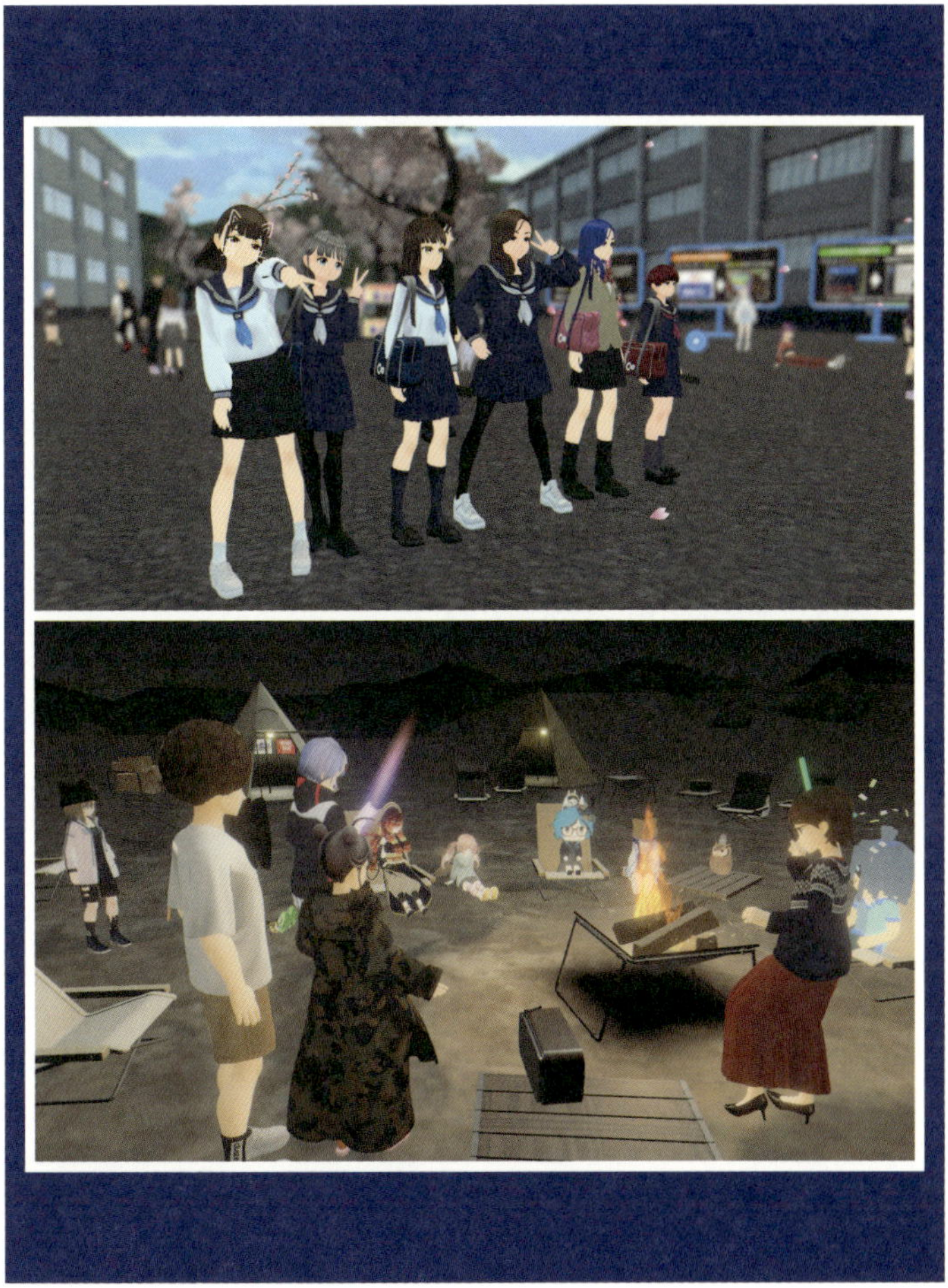

しくじりエピソード 2

制作費しか予算を確保しておらず、後から追加予算が発生

コロナ禍にリアルイベントができなくなったとき、その代替場所としてメタバースの注目度が大きく上昇し、利用してみようと考える企業が急増しました。例えば、新商品のお披露目をメタバース内で行いたいなどです。その際、メタバースでできることとできないことを説明すると、「これとこれとこれを実現するには、予算がいくら必要ですか」という会話になりがちです。ただ、その分だけの予算で確定してしまい、後々苦労したことがありました。

メタバースは新しい技術であるがゆえに、企業も「ここでイベントを実施すれば、人が勝手に集まる」と考えているのか、集客などプロモーションのことがすっぽり抜け落ちているケースがあります。企業の要望を実現したワールドやイベントをつくる以外に、そこへ人を集めるための施策と予算はリアルイベント同様に必要です。例えば、商品を使ったアバターダンスのショート動画を作成して発信するなど、何らかのプロモーションを行うためには費用がかかります。そこまで含めた予算を、初期段階から確保しておくことが重要。そのためクラスターでは、イベント制作やプロモーションなど全体の企画から、予算まで考えるプランナーが伴走する体制を構築しています。

次世代型コミュニティが持つ、自走するカルチャーの力

Chapter.03

Part.1

場所・時間・身体の制約から解放された、新たな交流の場

Chapter.03では、ロイヤリティを高めやすい場かどうかという観点からSNSと比べたときのメタバースの優位性について整理し、その一つひとつについて詳しく解説していきます。あらためて念押ししておきますが、SNSとメタバースではマーケティングの目的が異なるため、両者の優劣を語るものではないということは念頭に置いておいてください。

1つ目は、物理的距離に縛られない点です。SNSもテキストや画像、動画を送る際、物理的距離によって制約を受けることはありませんが、メタバースの場合はそこに身体性がともなうところが大きく違います。メタバース空間内にあるモノを手で持ったり、運んだり、走ったり、ジャンプしたり。自分自身がどこにいようとメタバースにアクセスできる環境さえあれば、リアルな世界に近い感覚でメタバース空間を体感、満喫することができます。

この身体性をともなうというメタバースの大きな特徴は、心理的安全性にもつながります。SNSは匿名で利用するのが当たり前になっているので、いわゆる「身バレ」の危険性は少ないですし、ネットワークを介した交流なので、相手に危害を加えられるといった物理的な危険を心配する必要はありません。

メタバースの場合はそこにアバターという分身が加わります。自分がコミュニケーションをしている相手の姿が、たとえアバターとはいえ目の前にいることで安心感が高まるし、コミュニケーションも円滑になります。


WEB会議をしていると通信負荷を軽減するために話していない人は音声をオフにしたり、なかにはビデオもオフにしている人もいたりします。しかし、そうなると、誰に向かって話しかけているのかがわからず、話していて不安になったことはないでしょうか。自分の話にうなずいてくれるだけで「話を聞いてくれている」と感じ、話しやすくなるものです。

リアルなコミュニケーションでは、相手の目や手の動き、頷きなどを何となく見つつ「相手は自分の話を聞いているか」、「関心を持ってくれているか」といったことを確認しながらコミュニケーションをとっています。こういったノンバーバルな反応も身体性をともなったアバターとのコミュニケーションだからこそ、感じ取ることができます。

メタバース空間では、独特な文化がいくつも誕生しており、例えば「VR睡眠」もその1つです。これはVRゴーグルをかぶりながら星空のワールドなど好きな空間に一緒に入り、寝そべりながらしゃべって寝落ちするというもの。音声通話やビデオ通話と違い、「隣にいる感覚」が得られるといいます。これも身体性があるからこそ得られる安心感ではないでしょうか。

理想の自分でコミュニケーションできることの大きな意味

アバターはメタバース空間における自分の分身ではありますが、当然、自分自身ではありません。この「自分ではない自分」という存在も心理的安全性を高めてくれる要素になっています。

アバターは自分を忠実に再現する必要はありません。年齢や性別からも解放された存在として自分を演出できます。リアルの世界では、自分に自信が持てず、人と交流することに消極的になっている人がいます。同じ趣味を持っていて、趣味について思いきり話したいと思っている相手がいても、自分がかなり年上だからと話しかけられずにいる人もいます。LGBTQの悩みを抱えている人や、容姿にコンプレックスがあって人付き合いを避けている人など、リアル世界ではうまく人間関係を築けずに悩んでいる人がいます。

でも、アバターはなりたい姿になることができます。本当に生まれ変わったような感覚で、最初から理想の自分で接することができるのです。そのため、対人関係が苦手な人でもストレスが軽減された状態でコミュニティの中に入っていくことができ、人間関係を構築することができます。

それは自分を出しやすいということでもあるため、リアル世界よりも一層、推し活ができるというユーザーの声を聞いたことがあります。

アバター同士だとコミュニケーションをとりやすいという声には、こんなものもあります。リアル世界で誰かと話すとき、相手の目線が怖くて目を合わせられないという人が、アバターだと目線までは動かないので恐怖心が薄らぎ、話しやすいというのです。これには、目線もあったほうが話しやすいという声もありそうですが、アバターという分身ならではのコミュニケーションにおける利点の1つといえるのではないでしょうか。

心理的安全性を保つ条件の1つに、個室の中で話すように会話を聞ける人を制限できるというものがあります。メタバースでも参加者を限定してイベントを開催するという方法もありますが、そうでない場合、誰かに聞かれてしまう可能性があるのではないかと心配する人もいるでしょう。

確かに「100％盗み聞きされることはない」とはいえません。しかし、メタバースではアバター同士が近づかないと声が届かないように設計されていますし、知らないアバターが近づけばわかるので、会話を一時中断すればいいだけです。このあたりもリアル世界のコミュニケーションに近いといえます。

Part.2

クリエイターという〝特異な存在〟が紡ぐ自律自走型空間

ファンになって応援したくなると、自分の気持ちを表現するために何かをつくりたくなるものです。例えば、「推し活うちわ」もその1つでしょう。うちわに応援している対象の名前や「大好き」など自分の気持ち、「ピースして」といった推しへの要望を、自分なりに考えたフォントとデザインで描いて手づくりします。つくっている間も推しのことを考えているので、〝好き〟という気持ちが深まっていきますし、それを持ってイベントに参加して応援していると、いつも以上に気持ちが入っているような気がするものです。

メタバースには、そんな〝ものをつくる〟機会もあふれています。そもそもアバターという分身をつくるところからメタバース体験はスタートします。理想の自分を求めて美しい姿にするか、おちゃめな内面を表現しようとユニークな外見を選ぶのか。髪型や目・鼻・口の形、顔の輪郭、身長、体型など、つくり込もうと思えば、それなりの知識は必要になりますが、思い描く姿に限りなく近いアバターをつくることも可能です。

　また、アバターの身につける３Ｄのアクセサリーやオブジェクトをつくることができます。メタバースは３Ｄ空間なので、オブジェクトにゲームのような動きをつけることだってできます。すでに説明したように、その気になって技術を身につければ、ワールドやイベント、ゲームを好きなようにつくることもできます。

　何かをつくることで思い入れが強くなる、対象に対する熱量が高まるとい

うのはメタバースもリアルな世界も同じです。そして、創作できる＝自分の思いやこだわりを表現できる幅が広いほど、熱量も高まりやすくなります。最初はアクセサリーだけつくっていたけれど、何度もつくっていくうちに自分の思いを表現するには物足りなさを感じるようになり、もっと大きなもの、壮大なもの、凝ったものをつくりたいと思うようになるのは自然なことです。

その期待に応える仕組みがあるのが、メタバースなのです。

しかも、メタバースは仮想空間なので、リアルな世界における物理法則などさまざまな制約を受けることなく、思うがままに創作することができます。もちろん、メタバースプラットフォームごとに技術的制約はありますが、それでもリアルよりも自由な発想でモノづくりを楽しむことができるはずです。

自律自走的に熱量が高まるコミュニティ

ただ、何のお手本もなしにいきなりつくれといわれても難しいですし、つくりたいと思っても、どのように形にすればいいのかがわかりません。そこのハードルを低くしてくれる存在として、メタバース内にはクリエイターがいます。

　メタバースにおけるクリエイターとは、デジタル技術を使ってワールドやアバター、アクセサリー、オブジェクト、建築物、ゲームなどを創作する専門家のことです。クリエイターが生み出す多様な創作物がメタバース空間を彩り、魅力を高め、没入感あふれる体験を提供してくれるのです。


　サイコロ型のブロックを組み合わせてさまざまなものをつくることができる「Minecraft（マインクラフト）」を遊んだことのある人であれば、有名建築物を再現したり、自動で作物を収穫できるといった自分では思いつかないような仕かけをつくったりしてているクリエイターをすごいと感じたことがあるでしょう。クリエイターの創造したフィールドに入って、その空間を楽しむ感覚はわかってもらえると思います。

　そのような作品に触発されて、それをお手本にして自分もつくってみたいと思う人が必ず出てきます。

　つまりクリエイターとは、メタバースを魅力的な空間へと彩ってくれるというだけでなく、新たなクリエイターを生み出すきっかけにもなる存在なのです。

そして、自分で何かを生み出した人の中からそのおもしろさに目覚める人が出てきます。この循環が熱量の高まりをさらに加速していくことになるのです。

このようにメタバースというプラットフォーム全体のコミュニティ、ワールドという限定されたコミュニティ、共通の興味で集まった小規模なコミュニティなど、興味の対象も規模もさまざまなコミュニティに参加しているメンバーたちが、モノづくりをきっかけに互いを刺激し合うことで「自律自走的」に熱量を高めていく――その仕組みこそが、アンバサダー化したファンを効率的に生み出すことにつながるのです。

Part.3

「熱量の可視化」の容易さが、マーケティング精度を高める

メタバースは雑談が生まれやすい環境といえます。それは、SNSにおいてリポストするとか、「いいね」を押すことよりも感情の閾値が低いコミュニケーションが行われているからです。リラックスした、なんてことのないコミュニケーションですね。

SNSにおけるリアクションは「いいね」がつくかつかないか、拡散したかしなかったかという二択になります。そのため、SNSマーケティングを仕かけたときはテキストや画像、動画に対して何個の「いいね」がついたのか、どのくらい拡散したのかが効果を判断する材料になります。

しかし、実際の人間の感情にはグラデーションがあり、いいか悪いかの二択だけで読み取るのは難しいものです。

また、最近は「いいね」のハードルが上がっているという問題もあります。

例えば、12万人ほどのフォロワーがいる飲料水メーカーの公式アカウントがあります。それだけフォロワーがいても、通常の投稿のリポストは十数件しかありません。ところが、リポストしてくれたフォロワーの中から抽選で100名に飲料水をプレゼントすると投稿すると、リポストが8900、インプレッションが39万にはねあがります。これは、自分にとって実益やものすごい興味関心、高いニュース性、深い愛情といった強い気持ちの揺さぶりがないと自分を表現しなくなってきていることを意味しているといえます。それだけSNSは利用者の熱量を測定するのが難しくなっているということです。

しかし、メタバースは感情の閾値の低いコミュニケーションが発生しやすい環境があるため雑談が生まれやすく、そのコミュニティにおける熱量を可視化しやすいというわけです。

感情のグラデーションもトラッキングできる特異性

メタバースであれば、先ほど触れた感情のグラデーションをトラッキングすることもできます。SNSではテキストや画像、動画を使ってマーケティング施策を行った場合、「いいね」や「拡散」の数がどの程度だったのかが効果を測定する基準になりますが、メタバースの場合、ユーザーの熱量を計測する基準がたくさんあるからです。イベントの参加人数だけでなく、滞在時間や雑談の中に含まれるイベント関連ワードの総量。アバターの動作からも熱量をはかることができるでしょう。アバターにはいくつものアクションが実装されています。ユーザーが指定のボタンをクリックするだけで、バンザイしたり、うなずいたり、ジャンプしたり。SNSのようにグッドマークやハートマークで感情を表現することも可能です。それに加えて、メタバース空間だと、時間的な経過の中で動的プロモーションにどのような反応があったのかをトラッキングできるという利点もあります。

例えば、自社商品のプロモーションイベントをメタバース内で行ったとしましょう。イベントは時間経過とともに進行していき、その間、多くのユーザーがイベント会場に足を運び参加します。ユーザーは時間とともに進行していくイベントのどの部分で多くのコメントを残したのか、アバターがどのような動作をしたのかを時系列で追いかけることができるのです。

SNSの場合は、完成しているコンテンツをユーザーに提供して、それに対する反応を計測するため、良かったのか悪かったのかという判断になりますが、メタバースでは動的にユーザーの反応を追いかけることができるため、ユーザーの熱量が徐々に高まっていく感情のグラデーションをトラッキングできるわけです。そこまでデータがとれれば、熱量が高まる起点が何になるのかというところまで分析できるようになるかもしれません。

また、予想していなかったところで、ユーザーが大いに沸いたり、盛り上がるだろうと予測していたところではそれほどの反応を得られなかったりと、意図的に仕かけていない部分での反応を収集することも可能です。

Part.4

メタバースの強みは、多様なビジネスとの高い親和性

メタバースでは、すでにさまざまな取り組みが行われています。アーティストのライブが行われたり、VTuberがイベントを開いたり、渋谷や大阪といった街を構築してハロウィーンイベントを開催したり、スポーツの試合をメタバース内で観られるようにして、全国各地から集まったファンと交流しながら楽しめたりと、メタバースは、幅広い業種業界との親和性の高さがあります。

例えば、不動産会社がメタバース内でマンションのモデルルームをつくったという事例もあります。どのような部屋なのかをちょっと見てみたいと思っても、現実世界のモデルルームだと担当者につきっきりで案内されるなど、ちょっと煩わしいと感じてしまい二の足を踏むことがありますが、バーチャル空間のモデルルームであれば、そのような心配もなく気軽に部屋を吟味することができるわけです。最近は技術も進んできたことで、タワーマンションの部屋からの眺望を360度見ることができるというモデルルームも登場しています。

メタバースと教育も親和性の高い組み合わせです。実際、最近は教育機会をメタバース内で提供するという取り組みがとても増えています。

テキストベースではわかりづらいものを3Dの仮想空間という特徴を活かして解説できたり、運転免許のシミュレーターのように現実世界を再現して訓練したりと、メタバースには、学びと体験を結びつけやすいという特性があるからでしょう。仮想空間なので、失敗しながら学習することも可能です。

アバターを介した匿名性あるコミュニケーションが可能で、ネット環境さえあれば、どこからでもアクセスできるという特徴を活かして、不登校の子どもたちの新たな居場所として活用するという取り組みもあります。

一方、親和性が低いというか、わざわざメタバースを介在させる意味が薄いと思うのは、3クリック以内で活動が終了してしまうような行為です。

例えば、日用品であるトイレットペーパーをECで購入するとか。こういった「体験価値」を必要としないものは、メタバースを活用する必要はないと思います。しかし、それは裏を返せば、それ以外のほぼすべてのビジネスや活動とは親和性を期待できるということです。

バーチャルで体験する地元民とのコミュニケーション

メタバースは観光との相性も非常に高いといえます。観光というと最初に思い浮かぶのは、その土地土地の素晴らしい景色や神社仏閣などの建造物なのではないでしょうか。

メタバースでは、そういった景観を3次元空間に再現することができます。丘の上から夜景を見ながら、一緒にアクセスしている友人とその空間を楽しむといった旅行の疑似体験を提供することができるでしょう。

ただ、それだけだと旅行ガイドブックやインターネットの観光地情報などに掲載されている写真を友人と見ながらワイワイ旅行の計画を立てるときの体験と大きな差はないかもしれません。しかし、メタバースだからこそ提供できる体験価値というものもあります。

その1つが、現地の人々とコミュニケーションをとれることです。例えば、観光名所に実際にある宿やお土産物屋のスタッフが、そのエリアを再現したワールド内の宿やお土産物屋にスタッフとしていて、コミュニケーションがとれるとしたらどうでしょう。旅の思い出には現地の人とのコミュニケーションも含まれています。温かい歓迎を受けた、地元の人ならではの情報をもらえた、困ったときに手を差し伸べてくれた……。そういった旅行というイベントを彩る現地の人との交流も、アバターとしてバーチャル空間を活動しコミュニケーションがとれるメタバースであれば、体験することが可能です。

近年増えているという都市圏から地方への移住も、いきなり誰も知らない土地に引っ越したものの、土地柄に馴染めず苦労したり、断念して元いた土地へ戻ったりしたといった話を耳にします。もしかしたら、移住する前に現地の人とメタバースで交流し、コミュニティを形成することができていたとしたら違った結果になったかもしれません。

場所や時間といった物理的距離を超え、アバターという身体性をもった分身を介してコミュニケーションがとれたり、コミュニティを形成できたりするメタバースであれば、業種業界を問わずアイデア次第で活用の幅はどんどん広げていけるはずです。

しくじりエピソード 3

KPI設定のミスで、正しい効果測定ができなかった

企業側が「新規顧客」を獲得するためのツールとしてメタバースを利用しようとすると、期待外れの印象を受けることが多いように感じます。従来のマーケティングでは、例えば、500円で1人獲得できるから5000万円の予算を組めば何百人獲れるといったように、獲得単価でどのツール、施策にするかを選びがちです。

しかし、メタバースはそこに強みのあるツールではありません。何度もアクセスしてもらうことで、企業ブランドや商品・サービスに対するロイヤリティを高めることに強みを持っているため、結果が出るまでには相応の時間がかかります。そこを理解していないと、メタバースでイベントを1回実施したけど、KPIを達成できなかったから予算を減らします、もしくは終わりにしますといった結果になってしまいます。また、ユーザーに何度もきてもらうには、継続的に施策を追加していく必要があり、そのための予算も必要となります。

現在、コロナ禍で進化したさまざまなデジタル技術との組み合わせによって、メタバースでできることは増えています。その実力をいかんなく引き出すためにも、施策全体を見据えた企画立案や予算設定がとても重要なのです。

どんなメタバースでもいいわけではない。熱量の高まりに理由あり

Chapter.04

Part.1

マーケティング視点で選ぶなら、「軽さ」と「再現力」に注目せよ

Chapter.03までで、どうしてメタバースがコミュニティの熱量を高めることに長けているのかはわかってもらえたと思います。そこで、ここからは「より一層熱量の高まりを加速させることのできるメタバース」とは、どのような特徴を備えているべきなのかを考えていきたいと思います。

最初に求められる要素としては、メタバースへのアクセスのハードルの低さです。メタバースは3DCG技術によって構築されているため、精緻なグラフィックを求めれば求めるほど3DCGによって描画し、滑らかに動かせるだけの性能がインターフェイスに求められることになります。そのため、メタバースにおいては「強い（性能の高い）マシンを持っている人が偉い」という風潮があるのも事実です。

しかし、高性能なマシン、例えば、ハイスペックなゲーミングパソコンなど

は十数万円から数十万、中には百万円を超えるものもあるなど、非常に高価な製品です。そのようなマシンを、メタバースを楽しむためだけに多くのユーザーが所有するというのは、あまり現実的ではありません。

また、メタバースにアクセスするインターフェイスにはヘッドマウントディスプレイという機器もあります。これは、ゴーグルのような形のディスプレイを両目におおいかぶせるよう装着する形状をしています。左右の目の視差を用いてディスプレイに投影される画像が立体的に見えるため、メタバースへの没入感を大きく高めてくれます。

ただ、今あるヘッドマウントディスプレイを長時間かぶり続けると目が疲れるなど、それなりの忍耐を強いられます。ヘッドマウントディスプレイを通じて体験できるメタバースの没入感がたまらなく好きという人や、体質的にかぶり続けることに苦痛を感じないという人もいます。しかし、それはまだまだ少数意見であって、「ちょっとメタバースを体験してみたい」というライトなユーザーにとっては、それなりに高価な製品ということもあわせて、少しハードルが高いというのが現状です。

企業ブランドを踏まえた制作力が重要

多くの人に門戸を開くことを優先するのであれば、すでに広く普及しているインターフェイスでアクセスできる「軽さ」が必要だと考えます。その最適なものがスマホでしょう。NTTドコモ モバイル社会研究所が2024年に実施した調査によると、スマホの普及率は97％に達しています。

加えて、近年はスマホのレンダリング（データを処理して画像や映像、テキストなどを表示させる）技術が進化したこと、5G通信が実現したことで、表現できる3DCGの幅が広がり、アバターの動きも滑らかになっています。

ただし、性能面だけを比べれば、パソコンのほうが優れているのも事実です。そこで重要になってくるのが、企業がメタバースをマーケティングに利用しようと考えたとき、ワールドやオブジェクトの再現度をコントロールできるのかという点です。

例えば、自動車メーカーがメタバース上で試乗会を開くことを企画したとします。実車をまるごと再現しようとするとデータ量や処理量がとんでもないことになってしまい動作が遅くなったりラグが発生してしまったりします。それでは、試乗するという体験価値を大きく損ねてしまいかねません。

そのため、滑らかな動きを担保しつつ、実車の魅力をどこまでメタバース内で再現するかが重要になります。「自動車のこの部分のフォルムは外観イメージを大きく左右する部分だから再現性を高くしてほしい」など、ブランドの本質的なところと譲ってもいいところのバランスを取りながらオブジェクトを制作し、リアルタイムで動くように処理する技術があるかどうかで体験価値はかなり変わってくるわけです。

高度な3DCG技術を持っている制作会社はそれなりにあります。映画などでも現実と見まがうほど精緻なCGを目にすることも当たり前になってきています。しかし、映画のために5秒分の精緻な3DCGをつくる技術と、3DCGをリアルタイムで動かす技術は似て非なるものだということは知っておいてください。

メタバースでワールドやオブジェクトを制作するとなったとき、メタバースのプラットフォーマーではなく、企業がクリエイターやクリエイターを抱えている制作会社などに直接発注するというケースが少なくありません。メタバースでさまざまなマーケティング施策を経験している企業であれば問題ないのでしょうが、そうでない場合、前述したような企業の要望を細かく反映させるのは難しくなります。プラットフォーマーが介在したとしても、制作を外部へ発注している場合は同様のリスクが発生する可能性があります。

そのため、企業がメタバースをマーケティングに利用する場合、特に自社のためのワールドなどを構築する場合は、プラットフォーマーが制作まで内製化しているところを選ぶのが間違いないといえるでしょう。

もう1つ、アクセスしやすさという観点からいうと、マーケティングにメタバースを利用する際には企業が開いているイベントに〝気づいてもらう〟ことも大切です。プラットフォームにもよりますが、メタバース上には、数百から数万ほどのコミュニティが存在します。その中からユーザーが気になったものにアクセスするのですが、イベントの告知活動に関してプラットフォーマーは基本的に関与せず、主催者自身が別サービスなどを使って行うのが一般的です。

そのため、メタバース内に注目のイベントを紹介する掲示板のような機能や、人気のワールドやコミュニティ、イベントを紹介する機能のあるプラットフォームのほうが、ユーザーに気づいてもらいやすいといえます。

cluster
おすすめ
スペース
イベント
注目のイベント
YSS Live
本日 2025/3/14 (金) 21:00
YSS LIVE in Cluster LIVE…
Sorte@YSS
2025/3/16 (日) 21:00
【アイドルライブ】
はぐ
フォローの開催予定
すべて見る
3/18(火) 19:50～21:00
なぞとき
解かナイト
第11夜
2025/3/18 (火) 19:50
なぞとき解かナイト第11夜
Hamaguri
4/25(金) 23:30～
なぞとき
解かナイ
第1深夜
2025/4/25 (金) 23:30
なぞとき解かナイト
Hamaguri
もうすぐ開催！
ホット
さがす
つくる
フィード
フレンド
Cluster Live Music Club
グジの土路
3/15(土)21:30~23:30 チケット代:450CC(最安)
3月
15
土 21:30~
グジの土路(どじ)
グッジオ
フォロー
636 フォロワー
"人類と麺類の境界" グッジオがアコギで歌い上げる。 この瞬間、この音、この挑戦。Clusterで唯一無二のライブを体感せよ！
Syncroom
ライブ
音楽
ギター
会場のコメント
開催前のイベントです
いいね 43
チケット選択
ホット
さがす
つくる
フィード
フレンド

Part.2

創作コストを下げるツールで、〝モノづくり〟のハードルが下がる

コミュニティの熱量を高めていくための鍵は、モノづくりというアウトプットにあると説明しました。ただ、モノをつくりたいという思いの強さは、人によって幅があります。メタバース内で使えるアクセサリーやオブジェなどをつくった経験がある人、もっと高度な技術を使ってワールドづくりに挑戦したいと思っている人、何度もワールドづくりをしてきたけれど、さらなる高みを目指したい人……それぞれ求めているアウトプットのレベルには違いがあります。

このようにモノづくりの楽しさに目覚めていて、難易度を高めていきたいと思っているユーザーもいれば、まだメタバースでモノづくりはしたことがないけれど興味はあるといったユーザーもいます。いわゆるモノづくり初心者です。

このような幅の広い〝モノづくりへの欲求〟に応えるには、簡単につくれるクリエイト機能から難しい機能まで幅を持たせておく必要があります。特に、多少興味を持っているというレベル感のユーザーをアンバサダー化したファン

にまで熱量を高めていこうという場合、モノづくり初心者でもある程度気軽に挑戦できる環境は欠かせません。

ノーコードで簡単に。誰でもワールド構築が可能

メタバースが誕生したばかりの頃は、プログラミング技術に長けた人材がゼロからワールドをつくっていました。それは特殊な技能であって、専門家でないとなかなか手が出せない領域だったといえます。また、それには多くの時間と労力を費やさなければなりませんでした。そこで、創作コストを少しでも下げるべく、ツールやフレームワークなどが生み出されてきました。

現状、メタバース開発において幅広く使われているのがUnityです。これはゲーム開発エンジンでインタラクティブな体験の制作において重宝されています。リアルタイム3Dの表現力に優れていて、メタバースと親和性の高いＶＲ（バーチャルリアリティ）やＡＲ（拡張現実）の開発でも使われています。

また、世界中で利用されているツールであるため、技術に関する情報や

リソースを公開しているコミュニティが数多く存在するという利点もあります。私たちが運営するメタバース「cluster」でも、Unityを使用した「Cluster Creator Kit」を使うことで自由度の高いワールドをつくることができます。

しかし、Unityが入門編といえるほど使いやすいツールといっても、基本的な知識なしに扱うことはできません。他にもメタバース開発に使えるツールはありますが、より高度な知識が求められるものがほとんどで初心者がいきなり使いこなすにはかなりハードルが高いといえるでしょう。

そこで、clusterではUnityなどの外部アプリケーションを使用せずに、リストからアイテムを選んで組み合わせるだけで簡単にワールドをつくることができる「ワールドクラフト」という機能を実装しています。リストにはcluster公式が用意したアイテムのほか、クリエイターが制作したアイテムを購入して使うこともできます。

これだけの説明ではピンとこないという人は、ゲームの「Minecraft」や「どうぶつの森」をイメージしてください。Minecraftはさまざまな色や形をしたキューブ状のアイテムを、ブロックを組む要領で積み上げることで家をつくったりできます。どうぶつの森はあらかじめゲーム内に用意されているアイテムを配置することで、内装をデコレーションしたり、街をつくったりすることができます。要は、ノーコード・ツールのようにプログラムを書いたりすることなく、直感的にアイテムを組み合わせることでモノづくりができるツールがワールドクラフトというわけです。

このように、モノづくり初心者から上級者まで多彩なニーズに応えられるメタバースのほうが、ターゲットや目的に合わせた施策を実行しやすいため、マーケティングに活用しやすいといえます。

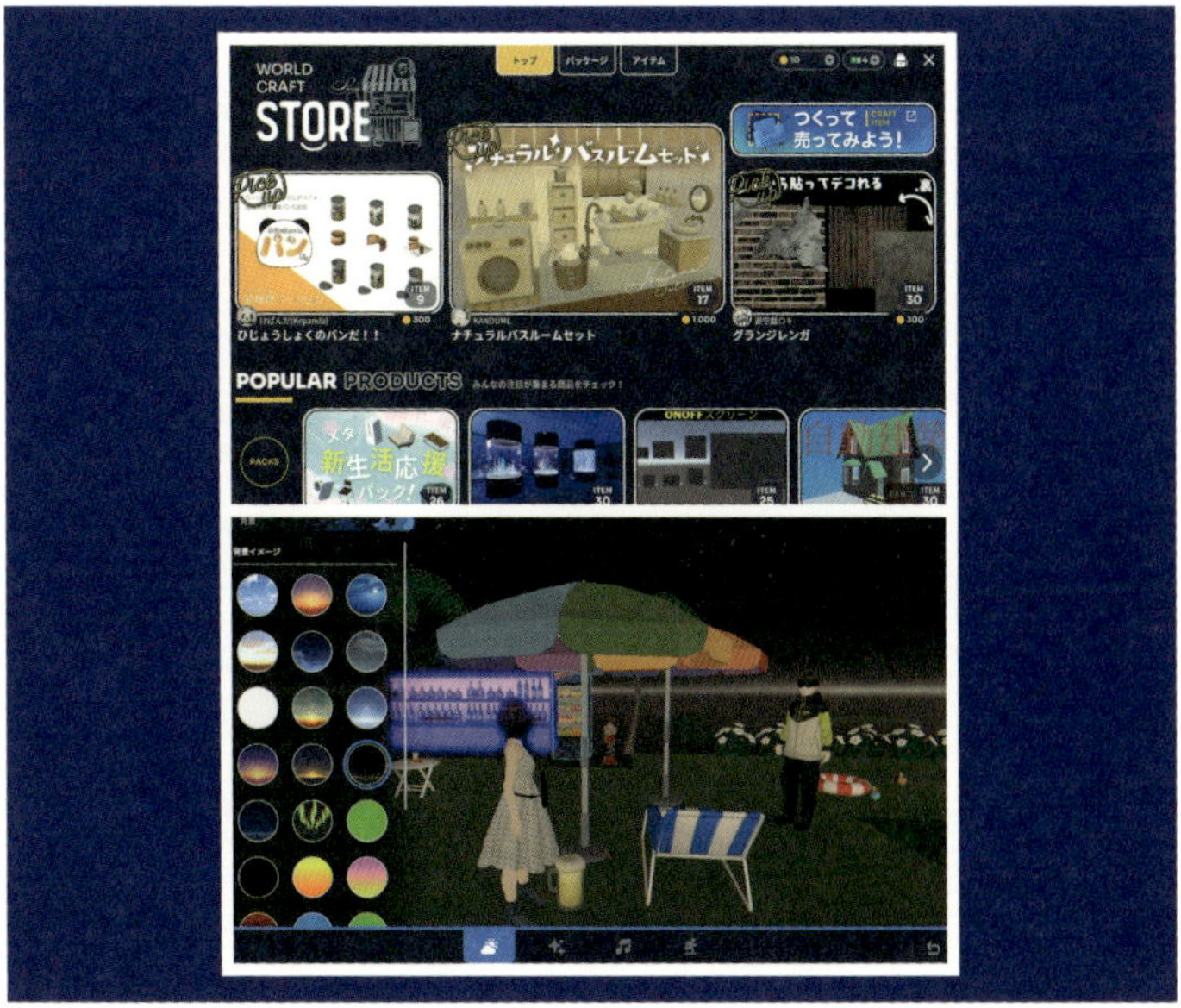

メタバースの〝文化〟に着目。創発性やリスクを吟味する

メタバースをマーケティングに活用する場合、意外と重要になってくるのが、そのメタバースやコミュニティでどのような文化が醸成されているかという点です。

特に、企業として気になるのは、メタバースに集うユーザーのコンプライアンス意識でしょう。何の根拠もなく企業や他者を攻撃したり誹謗中傷を行ったりするユーザーが目立つようでは困ります。仲間内や恋人同士で自分たちの世界にひたるのは問題ありませんが、周りに関係のない人が大勢いるにもかかわらずセンシティブな会話や行動をしてしまうと、周囲に不快感を与えることになってしまいます。SNSでも、このあたりには神経をとがらせている企業がほとんどだとは思いますが、メタバースの場合、身体性がともなうだけに周りに与える影響も大きくなる可能性があります。

参加者を招待制にするなど、ワールドやイベントを限定公開にすることはで

きますが、より多くの参加者を募り、不特定多数のデータを取得したい場合は逆効果になってしまいます。

こういった点は、マーケティング施策を行う前に検討対象のメタバースに実際に入ってみて、自らの目で確かめてみてください。自社が考えている施策に近いイベントに参加して、そこに集まっているユーザーたちの会話に耳を傾けたり、会話に加わってみたりして、第三者がいることを前提にしたコミュニケーションが行われているか確認したり、ユーザー自作のアイテムやオブジェなどが販売されていたなら、並んでいるアイテムを見て著作権を侵害するようなものが出ていないか確かめたり。いくつかのイベントやワールドに参加してみれば、そのメタバースがどのようなユーザーの集まりなのか、おおよそのところは見えてくるはずです。

ただ、さまざまなユーザーが集うのがメタバースの特徴である限り、トラブルを引き起こしがちな人は必ず出てくるものです。そういう人が現れたとき、実は周りのユーザーが無視して反応しないというのもトラブルを大きくしないコツだったりします。トラブルを起こす人は、構ってほしいという欲求が強いので、誰かが反論したり、たしなめたりしてくることを待ち構えているもの。そこへわざわざ燃料を投下する必要はありません。そのため、無視できるようにミュート機能やブロック機能の有無は確認しておくべきでしょう。

　マーケティングに適したプラットフォームを選ぶうえで、もう1つ気を付けたいのは「リアルタイム・イベントの経験値」です。メタバースの大きな優位性の1つがリアルタイムであることです。しかし、リアルタイムゆえに想定外の出来事が発生するリスクもあります。そこに迅速かつ的確に対応するには、リアルタイム・イベントの運営経験やディレクション力が求め

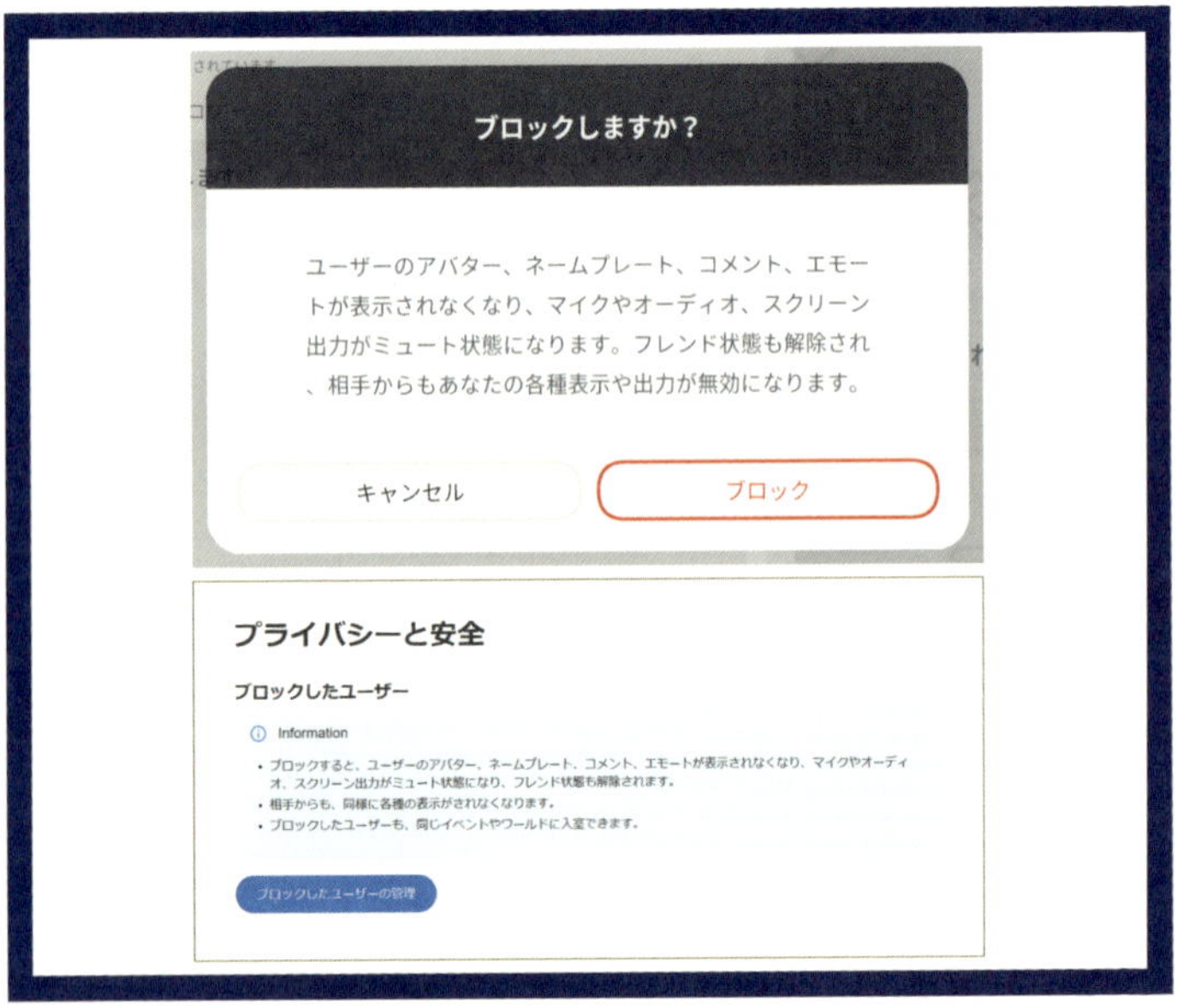

られるからです。プラットフォーマーのリアルタイム・イベント経験値が高ければ、大きなトラブルを未然に防ぐ運営に長けている可能性が高いといえます。企業が自社で運営する場合でも、運営上気を付けるべきポイントについてアドバイスがもらえるはずです。

創作を誘発する文化の有無も要確認

創作を誘発する風土があるかどうかについても文化が影響すると私は思っています。自慢できるようなものをつくったとき、そのノウハウを独り占めしようとする人もいれば、惜しげもなくつくり方を教えてくれる人もいます。当然、前者のようなユーザーばかりが集まったメタバースでは、モノづくりは広がっていきません。そこかしこでベテランクリエイター同士の自慢合戦が繰り広げられるだけでしょう。

すでに説明したように、コミュニティ内でモノづくりが広がっていくには、〝一緒に〟やってみようといってくれるクリエイターの存在が欠かせません。相手が初心者であっても、簡単なことから教えてあげようとするクリエイター、コミュニティの仲間たちがモノづくりに目覚めていくことに喜びを感じるクリエイターが多いほど、参加者のちょっとした興味を拾い上げて、モノづくりへつなげていくことができます。その結果、自らの手で生み出したアウトプットをメタバースという空間で披露する楽しさに目覚め、熱量が高まっていくという連鎖が広がっていくのです。

これは手前味噌ではありますがclusterでロイヤルクリエイターと呼ばれているユーザーたちにアンケート調査を実施した際、「clusterに入ってからモノづくりを始めた」という人が75％にも達しました。その理由が、「君もつくってみればと誘われたから」「わかりやすいドキュメントを教えてくれたから」「僕も最初は初心者だったから君もできるよなどといわれたから」。背中を押してくれる声がけに勇気をもらって挑戦してみようと思った、というユーザーが本当に多かったんです。

「こんなものをつくれるなんてすごい」と思ったクリエイターから直接誘われればうれしいし、やる気も湧いてきます。例えるなら、映画館で作品を観てものすごく感動したら、そこに作品の監督がいて「君にもできるからつくってみないか」といわれるようなものです。

Part.4

人間味あるガイド役が、コミュニティにおける会話の総量を担保

ここからはメタバースのコミュニティにおいて、熱量を高めていくための運営のポイントについて触れていきたいと思います。

そのポイントには、「会話（雑談）量を担保する」、「クリエイターを巻き込む」、「クリエイター化を促進する」という3つのステップがあるので、一つひとつ考えていきましょう。

会話が始まるきっかけづくりというのは、なかなかに難しいものです。同じ映画を映画館で観ていても隣に座っている人が知らない人であれば、話しかけたりしないものです。友人同士で一緒にメタバースにアクセスしているのでない限り、あるいは、すでにコミュニティ内で会話をする仲になっていない限り、そのコミュニティにいるユーザー同士に面識はないでしょう。

このように他人同士が集まっているコミュニティにおいて会話を促すには、

バスツアーのガイドさんのようなきっかけをつくる存在が必要です。

例えば、はとバスのツアーなどは参加者全員が知り合いというわけではなく、2人、3人の知人同士や1人で参加している人たちが集まってツアーに出かけることが少なくありません。そんなとき、ガイドさんは観光場所の説明をするだけでなく、参加者に楽しい思い出をつくってもらうため、参加者同士の会話を促したりすることがあります。「今日はどちらからこられたんですか」「どこに行くのが楽しみですか」などと参加者に同じテーマを与えて会話のきっかけをつくるわけです。出身地が同じだったり、同じ楽しみを共有していたりすれば、一緒のツアーに参加しているという共通点もあって話しやすくなります。


メタバースでも同じような役割を担う存在がいれば、コミュニティ内の会話や雑談量を増やすことができ、参加者同士の心の距離も近づいていきやすくなります。参加者がそのコミュニティに馴染むまでの時間も短縮することができるでしょう。結果的に、熱量が高まっていくための素地を整えることにつながります。

clusterでその役割を担っているのが、ロビースタッフです。clusterには公式が制作したパブリックなワールド「Cluster Lobby」*があります。ここは誰でも入ることができるワールドであり、clusterの入り口という位置づけです。友人同士の待ち合わせに利用したり、ライブ会場が用意されているので歌っている人を眺めたり、自分で歌ってみたりすることもできます。その週に人気のワールドや新作ワールドを紹介している建物などもあったりします。人と情報の交わる場所をイメージしてください。

この場所にいる案内役がロビースタッフです。初めてclusterにアクセスしたユーザーに声をかけたり、わからないことがあれば案内したりします。それだけならチャットボットなどを使って自動化したほうが効率的なのかもしれませんが、ロビースタッフはユーザーの体験価値を高めるための存在でもあるため、24時間365日、人間が担当しています。

初めてclusterを訪れたユーザーはそれなりに緊張しているものです。何をすればいいのかわからないし、どうやっていろいろなワールドへ行けるのかも知りません。そもそもどうやってメタバース空間を楽しめばいいのかもわからないかもしれません。でも、1人で始めてみたので誰に聞いていいのかもわか

＊現在クラスターでは、さらなる機能拡充のため「Cluster Lobby」を休止しています。
最新情報はHPをご確認ください

らない……。例えるなら新卒で入社した会社の初配属先で迎える初日の気分といったところでしょうか。配属先には研修をともにがんばった同期もおらず、先輩たちは忙しそうに働いているため、どのタイミングで声をかけていいのかもよくわかりません。そんなとき、1人の先輩が近づいてきて、備品の置き場所など部署内を案内しながら、「何かわからないことがあったら聞いてね」と声をかけてくれたときの安心感や心強さは、ものすごく大きいでしょう。

このような心の動きは、無機質なチャットボットでは生じにくいと思います。話しかけてくれる相手が人だからこそ、言葉の端々に自分を気遣ってくれる優しさを感じて、「この人にはいろいろ質問してもいいんだ」という気持ちになれたりするものです。そして、この関係性が会話量を増やしていくことにつながっていきます。

〝人〟ならではの味がユーザーを安心させる

clusterでは、ロビースタッフのコミュニケーションに関しては、マニュアルをつくりすぎないようにしています。

コールセンターなど企業と顧客との接点を担う部署、役職については分厚いマニュアルがあるものです。さまざまな考え方の顧客とコミュニケーションをとりながら、その要望に応えることと会社のブランドを守ることを両立するのは非常に難しいため、リスクヘッジの観点からもしっかりしたマニュアルをつくり、会話のテンプレートをいくつも用意したりするものです。

けれども、話す言葉を一字一句縛れば縛るほど、対応は無機質なものになっていってしまいます。それは、会話によって生まれる体験価値を制限してしまうということ。そのため私たちは、最低限の禁止事項は決めるものの、

それ以上は「あえてマニュアル化せず、自分の言葉で話す」ことを奨励しています。

その一方で、他のロビースタッフがうまくいったコミュニケーションをスタッフ間で共有する仕組みをつくり、それぞれのロビースタッフが自分なりに応用できるようにしています。不思議なもので、自分で考えながらユーザーとコミュニケーションをとるとなると、自分なりに考え実行する習慣がついて自走できるようになっていきます。ほどよい人間味もロビースタッフのアバターを介して漏れ出てくることで、より親しみやすい存在としてclusterのユーザー間で認知されるようにもなってきました。

ロビーは、数万ものワールドが存在するclusterのエントランスという位置づけであるため、ロビースタッフは特定のワールドに特化したガイド役を担っているわけではありません。しかし、企業がメタバースでワールドを構築して運営する場合は、そのワールド＝コミュニティの安定的な運営を支えるためだけでなく、コミュニティ内の会話の総量を高めるためにも、ロビースタッフのような存在を配置するべきだと考えています。

Part.5

クリエイターの創作意欲を開放し、コミュニティ活性化に〝巻き込む〟

「クリエイターを巻き込む」というのは、クリエイターの創作意欲を刺激するということです。あくまでも主体はクリエイターであって、クリエイターがつくったものをおもしろがるユーザーたちが集まってコミュニティができあがっていき、イベントが終了した後もその熱量が継続していく――それがテキスト主体の従来型SNSマーケティングと大きく異なるところだといえます。

例えば、clusterで羽生結弦さんのバースデーイベントを開催したことがありました。そのときはユーザーがスケートで遊べるワールドを見つけて、そこにみんなが集まるというコミュニティが自然発生的に生まれたのです。

ほかにもクリエイターが主体となって小さなコミュニティがいくつも誕生し、自作のアクセサリーを持ち寄って販売したり、ユーザー発イベントが立ち上がったりと熱量が次々と伝播していって、イベント本番が終了した後もコミュニティ発のイベントが続いたという事例がありました。

ただ、クリエイターの主体性にすべてを任せて、自然発生的にコミュニティが生まれたりイベントが立ち上がったりするのを期待するだけでは、企業としてマーケティングに活用しにくいかと思います。

そこで、企業から素材などを提供することで、クリエイターの創作意欲を刺激するという方法があります。ちょっとした火種を提供するイメージです。その一例といえるのが、ニチレイの今川焼アクセサリーでしょう。

ニチレイは、冷やす技術＝冷力をテーマにした「ニチレイCOLDワールド」という、ニチレイの歴史や事業の取り組みに関するクイズやゲームなどを楽しめるワールドをつくりました。そのゲームの1つに「ニチレイCOLDサーキット」があります。氷や中華鍋、段ボールなどニチレイの事業に関連のあるアイテムにアバターで乗って氷上コースを進み、コースの最後にあるクイズに正解するとアバターに装着できるアクセサリーがもらえるという仕かけです。アクセサリーはニチレイの商品である今川焼を模したアイテムで、メガネ、耳当て、ポシェット、帽子の4種類を作成し、週替わりでプレゼントすることで一定期

レースをクリアしてアクセサリーをゲット
ゴールした後のクイズに正解してアクセサリーをゲットしよう
もらえるアクセサリーは週ごとに変わるよ！
毎週チャレンジしてアクセサリーを集めよう！
3/25～4/3に正解した場合
2週目以降なにがもらえるかはお楽しみに！
本格炒め炒飯
EV
COLD EXPRESS
冷蔵・冷凍EVトラック

間の間に複数回ゲームを楽しんでもらえるよう工夫しました。すると、このアクセサリーに多くのユーザーが触発されることになったのです。

最初のプレゼントとなった、少しかじられている今川焼メガネがかわいいと話題になり、身につけるユーザーが数多く現れました。そこから他のアクセサリーも欲しいとサーキットを何度も訪れるユーザーも多く、ユーザー発のイベントも立ち上がったり、イベント参加者が今川焼アクセサリーを身につけて楽しむ画像がＳＮＳで発信されたりしたのです。

この反応にはニチレイの担当者も、「ユーザーを通してブランディングが広がるメタバースの良さに、あらためて気づくことができた」と話しています。

縛りを設けすぎると創作意欲は委縮する

クリエイターを巻き込む場合、気を付けたいことがあります。それは、あまり制約を設けすぎないことです。

企業がマーケティングを行う場合、ブランドを棄損するリスクを警戒します。

それはブランディング戦略上当然のことではありますが、それがときとしてクリエイターの創作意欲を大きく減退させてしまう恐れがあるからです。

企業側が、「〇〇を使って、△△をつくってください」と使う素材やつくるものを限定してしまうと、それに対して興味を抱いたクリエイターしか参加してくれません。そこで、例えば、ＩＰ（知的財産）を自由に使って思うままにつくっていいと、創作の幅を広げてあげるのです。

その好例といえるのが、テレビ朝日が運営する「光と星のメタバース六本木」内で行われたバーチャル文化祭「メタメタ大作戦」のイベントの1つ、「ブルーロック Presents 無限に遊べる!! 未来のサッカーコンテスト」でした。

詳細はChapter.05を見てほしいのですが、人気アニメ「ブルーロック」のＩＰを使ってクリエイターに未来のサッカーワールドをつくってもらうというコンテストです。

ワールドづくりは技術や発想だけでなく、長いときは数カ月という時間も必要になります。それなのに多くのクリエイターがさまざまな「未来のサッカーワールド」づくりに参加してくれて、おおいに盛り上がりました。

一方で、こうした自由度の高い施策を実施する場合は、運営側から「どこまでやっていいのか」という端っこを見せてあげることも有効です。なぜなら、企業側が素材を提供して創意工夫を膨らませてくださいといっても、クリエイターの多くはできるだけきれいなものをつくろうと、自分で自分の発想を制限してしまうところがあるものです。公式からロゴを自由に使っていいといわれても、なんとなくアクセサリーや衣服へ使用するくらいでとどめてしまうでしょう。

その壁のようなものを最初に取り払ってあげるためにも、「ここまで自

由に使っていい」という突き抜けた創作例を示してあげることが有効になるわけです。例えば、ロゴを使ってトイレの便器をデザインしたものを提示する。そうすれば、公式がそこまでしてくるなら、とクリエイターにもある種の免罪符のようなものが生まれて、創作の自由度が上がる。

そして、おもしろがって創作の翼をより広げてくれるはずです。

ただ企業としては、あまりにも自由につくらせすぎることで、ブランドを棄損するようなものが出てこないか……と心配するのも当然だと思います。

そこで大切になってくるのが、すでに話したメタバースのカルチャーとなってくるわけです。そのプラットフォームを構成するユーザーやコミュニティのコンプライアンス意識がそれなりに高い水準にあれば、どこまでならやっていいかの理性的な判断がつくでしょう。

clusterでは、これまで数多くの企業と協働して、ワールド構築やイベントを行ってきました。それによって、ユーザーたちも企業案件に慣れてきているようで、実際にこれまでレピュテーションリスクが顕在化するような事案は発生していません。

Part.6

リスペクトなくして、クリエイター化の促進は生まれない

クリエイターを巻き込むことでコミュニティ内にいくつもの立体的なアウトプットが創出されていったとき、それを目にしたユーザーの中から「私もつくってみたい」という人が現れて、モノづくりの輪がコミュニティ内に広がり、熱量の高まりが加速されていく――この様を「クリエイター化を促進する」といっています。

そのための具体的な施策としては、クリエイターの作品に触れられる機会をつくることも1つの方法です。クリエイターがつくったワールドやイベントを運営側であるプラットフォーマーが支援するだけでなく、アクセサリーやオブジェクトといった作品を展示したり販売したりして、多くのユーザーの目にとまる機会を設けるのもユーザーのモノづくり心を刺激できるものです。

ただ、前提としてメタバースに集うユーザーやプラットフォーマーにクリエイターを歓迎しリスペクトするカルチャーがあることが非常に重要になります。

アイテムやオブジェクトをつくっても、誰一人、何の関心も示さなければ、どんどん創作意欲は下がっていくものです。ましてや、人がつくったものをけなすなど否定するような風潮があってはモノづくりなど広がるわけがありません。

では、クリエイターがモノをつくりやすい環境とはどのような状態を指すのでしょう。それは難しいことではありません。例えば、自分がつくったものに対して、周りが「すごい」と反応してくれるだけでうれしいものですし、「また何かつくろう」とやる気も湧いてきます。そういう雰囲気の有無でモノづくりへの熱量は大きく変わってく

るものです。

近鉄不動産のワールド「バーチャルあべのハルカス」では、ユーザーにスノードームのアクセサリーを配布したところ、自身のアバターがスノードームの中に収まるように身に着けるユーザーが続出しました。クリエイターが思い思いにつくったオリジナルのアクセサリーはかわいらしいものが多く、クリスマスなどのイベントとからんで盛り上がりました。

近鉄不動産もそのムーブメントをヒントに商品化したり、「バーチャル天王寺動物園」でのグッズ販売に活かすなどクリエイター主体で広がるカルチャーをマーケティングにつなげていったりという例があります。

企業とクリエイターとの仲介役ができるプラットフォーマー

クリエイターをリスペクトするカルチャーが大事だとはいいましたが、それは簡単に醸成できるものではありません。clusterでは、初期の段階からクリエイターと会話するときに失礼がないかなど、最大限の配慮と細心の注意を払うことで、試行錯誤を繰り返しながらクリエイターが活動しやすい空間づくりに力を注いでいます。それは、clusterが企業と連携した施策を数多く手がけてきたこととも関係があります。

clusterではワールドやイベントの制作を内製化しています。企業から依頼を受けると、企業と一緒になってどのようなワールドやイベントをつくるのが最善か、打ち合わせを重ねながらアウトプットのあり様を突き詰め形にしていきます。

ただ、そのときもクリエイターの存在を忘れることはありません。完成したワールドやイベントにおいてクリエイターがモノづくりしやすいようにするには何が必要か、運営面まで気を遣いながら考えるようにしています。クリエイターに協力してもらう必要が出たときも、企業側の意向を全面的に押し付けるような選択肢は選びません。例えば、クリエイターの中には、匿名で依頼を受けたいという人もいれば、法人格で仕事として受けている人もいます。一方、企業としては匿名のまま仕事を依頼することに抵抗感を覚えるところも少なくないでしょう。そこで、本名で取引したいという企業側の意向を押し付けてしまうと頼みたいと思っているクリエイターにそっぽを向かれてしまう恐れもあります。細かいことだと思うかもしれませんが、その細かいところを疎かにしないことが、クリエイター主体でコミュニティを活性化していくためにはとても大切なことなのです。

そのためclusterは、企業とクリエイターの仲介的立場を担い、双方の意見をすり合わせながらベストといえる形を模索することに手を抜きません。そこに力を尽くすのも、クリエイターに対するリスペクトがあるからです。

企業がメタバースをマーケティングに活用しようと考えたとき、プラットフォーマーがワールドやイベントづくりに深く関わる例は珍しいといえます。多くは、クリエイターとの橋渡しをする程度で、その後のワールドやイベントの制作は企業とクリエイター（メタバースにおけるモノづくりに長けたスタジオなどのサードパーティー）と直接やりとりすることになります。その中で、自社のブランドや品質を守りつつワールド&イベントを構築するのは、とても難易度の高い作業といえるでしょう。

自社でワールド作成も行いながら、企業とクリエイターとの橋渡し役も行うという部分において、数多くの実績を積んでいるところもclusterの強みの1つといえます。

Part.7

AIとの組み合わせでより広がる、メタバースの大きな魅力

メタバースはユーザーの感情のグラデーションまでトラッキングできるほど豊富なデータを取得できると説明しましたが、clusterではより豊富なデータの取得が期待できます。理由は、clusterが粘着性の高いプラットフォームだからです。

粘着性が高いとはどういうことかというと、滞在時間が長いプラットフォームだということです。リアルタイム性が高いサービスなので、その日その時その瞬間に一緒にいないと他のユーザーに出会うことはできません。そのため、誰かに会おうと思うと、長い時間cluster内で待つことになり、結果滞在時間も長くなっていくというわけです。大御所のお笑い芸人さんが、「寝ている間におもしろいことがあったら悔しい」からと短時間しか寝ないという話をしていましたが、そんな心理も働いているのかもしれません。

clusterのユーザーがどのくらい滞在しているのかというと、1週間に2日く

らい滞在するユーザーの1日当たりの平均接続時間は2・5時間から3時間ほどになります。これが週4〜5日くらい滞在するユーザーになると5・5時間ほどとかなり長くなっています。日に8時間寝ると仮定すれば、起きている時間の40％ほどをclusterで過ごしている計算です。

このように粘着性の高いメタバースだからこそ、取得できるユーザーデータも多くなります。滞在時間が長くなるほど身振りや手振り、コメント、語彙数、視線、行動人流など取得できるデータの量も質も向上していきます。たとえ数万人規模の人が集まるようなリアルイベントであっても、取得できるデータはイベント会場に入った後の行動人流や性別などかなり限られたものしかありませんので、そこもバーチャル空間の恩恵だといえるでしょう。

AIによって、さらなる進化を遂げるメタバース

取得できるデータが質・量ともに豊富だということは、ＡＩとの相性や親和性が高いともいえます。その分、学習機会が豊富に得られるからです。それだけＡＩが賢くなるスピードも速くなるはずです。

clusterでは人が操るアバターがロビースタッフとしてユーザーのサポートを行っていましたが、その業務の一部をＡＩが担うようになるかもしれません。今後、多種多様なワールドが増えていけば、ユーザーもどこへ行けばどのような体験が得られるのか、楽しめるのかがわかりづらくなっていきます。そんなとき、ロビーにいるＡＩスタッフに「ゲームを楽しみたい」、「他のユーザーと会話を楽しみたい」など、キーワードを話すとＡＩスタッフが最適と思われるワールドを紹介してくれるといった具合です。

技術が進歩すれば、アルゴリズムによる検索やレコメンドの精度も上がっていくので、キーワードを提供せずともユーザーに最適化されたお勧めワールドを案内してくれるようになるかもしれません。

実は、近鉄不動産と構築したワールド「バーチャルあべのハルカス」では、OpenAI社が開発・提供する大規模言語モデルを活用した会話型生成ＡＩ「ＡＩあべのべあ」が実装されています。あべのハルカスの展望台「ハルカス３００」のキャラクターである「あべのべあ」をモチーフにしていて、ユーザーの質問に自動で回答を生成し、バーチャルあべのハルカス内の案内だけでなく、現実世界にある「あべのハルカス」の案内や日常会話を楽しむことができます。今後、生成AIの能力が上がっていけば、1人でワールドに入ってきたユーザーが空き時間をAIあべのべあと、まるで古くからの友人のように会話を楽しみながら過ごすといったことも可能になるかもしれません。

　あべのべあのようなキャラクターをガイド役として活用することが、コミュニティ運用のキーファクターになるのです。自社のマスコットキャラクターや各県、地域のゆるキャラがメタバースでお出迎えしてくれれば、初めてアクセスしたユーザーでも話しかけやすいでしょうし、キャラクターを通して、ワールドなどコミュニティへの親近感を醸成することもできます。

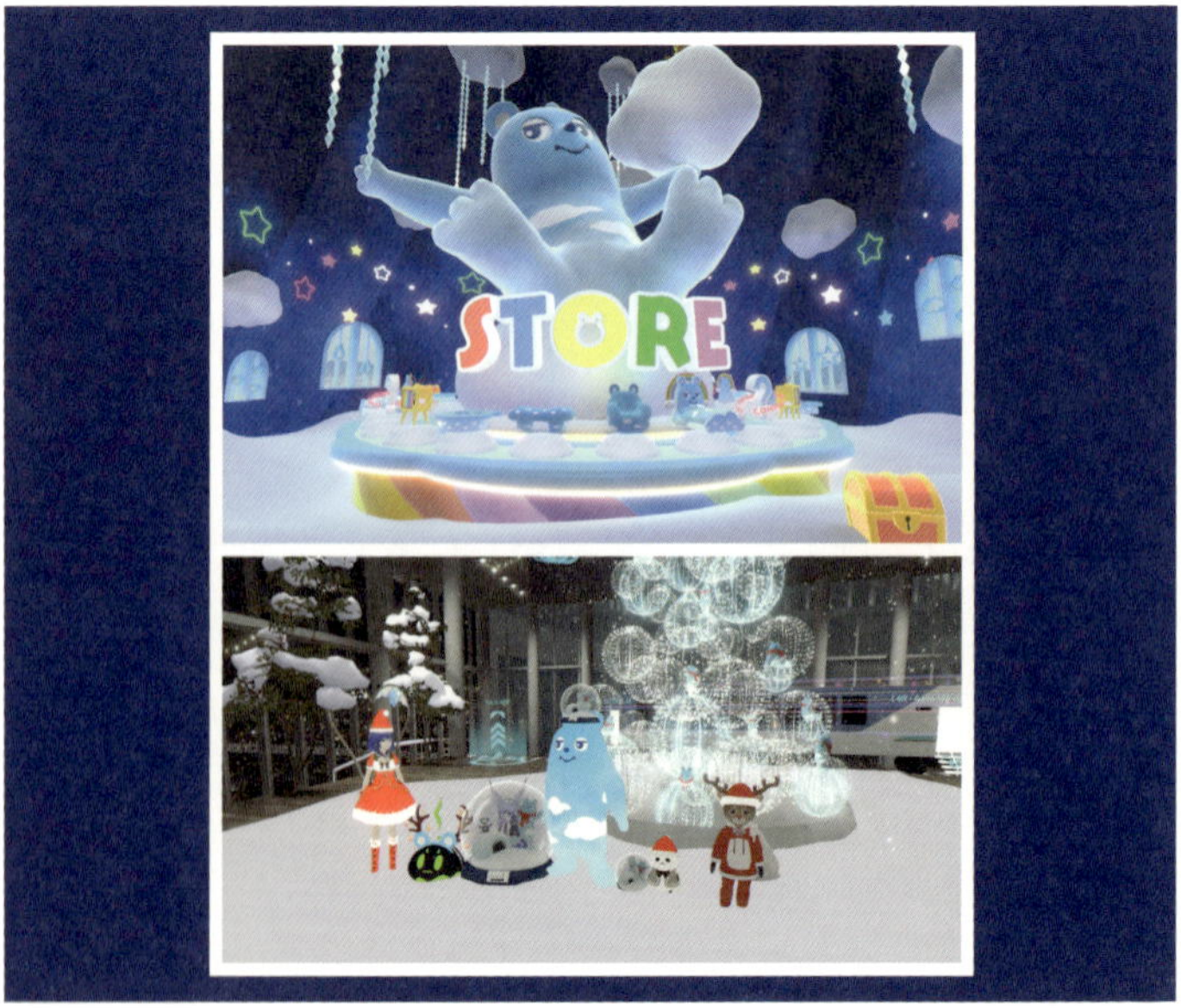

©近鉄不動産株式会社©Cluster,Inc.

当然、コミュニティにおいて可視化された熱量を学習データとして活用することで、より精度高くコミュニティ参加者の熱量を高める方向へと導いていけるようになるかもしれません。

ＡＩスタッフを活用して、メタバース内のコミュニティでアンケート調査を実施するなど、メタバース内のワールドをユーザーリサーチができるスポットとして使うこともできるでしょう。ただし、この場合は質問の設定にノウハウが必要になります。「〇〇は好きですか？」、「この中から興味のあるものを選択してください」など一問一答にしないと現状の生成ＡＩ技術では集計・分析が難しいからです。とはいえ、生成ＡＩの技術は日進月歩で進化しており、さまざまな企業やシンクタンクで自由回答を生成ＡＩによって分類、分析する実証実験が進んでいるので、そう遠くない将来、ＡＩスタッフが収集したいデータに即した会話を生成してユーザーから生の声を集めるといったマーケティング方法が当たり前になるかもしれません。

バーチャルとリアルの連動という面でもさまざまな展開が予想できます。例えば、学習機会の豊富なデジタル空間でアテンドや来場者のサポートをして成長したＡＩを現実世界のバーチャルヒューマンに反映することもできるはずです。すでに、店舗の受付などでバーチャルヒューマンを活用する動きは出始めていますが、学習用データの収集が大きな課題の1つになっています。その解決手段の1つにメタバースが役立つかもしれないと考えています。

AIによって、クリエイターの創作のハードルを下げることもできます。現状では、ワールドを構築するには専門知識が不可欠で、その知識があるクリエイターであっても完成するまでには数カ月という時間が必要です。でも、AI技術が進歩すれば、「日本庭園風」とか、「2100年の未来空間」などとキーワードを入力することでワールドを自動で生成することも可能になります。ワールド全体でなくても、ワールド内に配置したいオブジェクトやアイテムをつくることもできるでしょう。

究極は、あらかじめ収集したユーザーのデータに応じて、趣味嗜好に合わせたワールドを自動で生成することでしょう。すでに生成AIによってつくられたゲームはいくつも存在しているので、実現自体はそれほど難しいことではないと思います。しかし、クリエイターの創作意欲を刺激できなくなる可能性もあるため、実装するかどうかはまた別問題だと考えています。

Part.8

自走型コミュニティによる、未来型ロイヤリティマーケティング

コミュニティマーケティングに取り組む企業はかなり増えてきています。その多くがSNSを活用していることは、間違いないでしょう。利用者が多く、日常的に使われているプラットフォームほどマーケティングに利用しやすいので、それも当然かなと思います。

ただ、本書の中でも触れましたが、SNSはリーチを獲得することには長けていますが、コミュニティ内の熱量を高めてブランドや商品・サービスに対するロイヤリティを高めるという点では、メタバースに軍配が上がるでしょう。

なぜならば、SNSにおけるコミュニケーションはどうしてもピラミッド型になってしまい、発信者と受け手という関係性がはっきりしやすいからです。コロナ禍の2021年に日本でサービスが開始され、一時期大きく注目されていた招待制SNS「Clubhouse（クラブハウス）」の人気が長続きしなかったのも、

そのあたりに原因があると思っています。

クラブハウスは招待制という希少性によって話題を集めたものの、著名人が数多く参加してきたことでラジオのようなものになってしまいました。当初は著名人の内輪の話を聴きたいというユーザーも多くかなりのアクティブユーザーが存在していましたが、結局、発信者と受け手という構図から抜け出すことができず、コミュニティの活性化に不可欠な視聴者同士の雑談やつながり、会話の盛り上がりを生み出すことができないまま、質という面ではラジオを超えることもできずにアクティブユーザーが減少していったのではないかと推察しています。

クリエイターを主体とする自走型コミュニティへ

その点、メタバースには、身体性やリアルタイム性というSNSにはない強みがあります。アバターという3DCGの分身を介して、身振り手振りなどテキストや音声だけではない表現手法を駆使して現実世界に近いコミュニケーションをとることができます。

加えて、そのとき、その場所にいないと体験できないというリアルタイム性が、その場に居合わせたときの高揚感を一層高めてくれ、現実世界のライブのような熱狂を生み出しやすい環境にあります。

そこに創作という要素が加わることで、単なる観客からクリエイターとしてアウトプットを創出して熱狂を生み出す主人公に自分がなれる――そのチャンスをコミュニティメンバーの誰もがつかむことができます。このあたりの欲求が非常に大きいことは、SNSに自作の画像や動画が膨大に投稿されていることからも容易に想像できます。

さらに、メタバースの場合は、3DCGという立体空間にアバターが存在することでコミュニティが形成しやすいという特徴があります。例えば、おもしろいダンスをワールド内で目にしたとき、その場で真似をして一緒に踊ることができます。横で踊っているアバターにその場で声をかけることもできるし、楽しさを分かち合うこともできます。どうすればアバターを踊らせることができるのか、会話が弾むかもしれません。そこには情報の発信者と受け手という明確な上下関係はなく、同じ楽しみを共有するユーザー同士という並列の関係があるだけです。
ここがピラミッド型のコミュニケーションにはない強みといえるでしょう。

はじめにでも触れましたが、従来、多くの企業が行ってきたコミュニティ運用というものは、XやDiscordのようなテキストベースのプラットフォームにおいて、企業主導でフォロワーとしてユーザーを集め運営するものがほとんどです。主体は企業であり、広告宣伝活動の一環としてコミュニティのオーナーやリーダーを企業側がコントロールすることで主導を握っていました。サービスの運営側がコンテンツを発信して、ユーザーがそれに対して意見をいったり、会話の話題にしたりするという運用スタイルです。

しかし、これからは、ユーザーやクリエイターが主体となってコミュニティが無数に生まれ、イベントが推し活のように開かれていく、企業が取り組んだイベントから自然発生的にユーザー同士でカルチャーが生まれていき、熱量が高まっていく――その話題の中心に企業のブランドや商品・サービスがあるというのが、未来のコミュニティマーケティングのあり方だと思います。

THE アバター対談
～成功事例の立役者に聞く生の声

Chapter.05

Dialogue

「バーチャルあべのハルカス」がリアルとバーチャルをつなぎ、自走するコミュニティを創出！

近鉄不動産株式会社 経営企画室副室長 **楠 浩治**氏×クラスター **成田暁彦**

2014年に全面開業した超高層複合ビル「あべのハルカス」は、大阪のランドマークとして、日々多くの来場客でにぎわっています。その運営を担う近鉄不動産から依頼を受けて、クラスターが構築し、2023年3月にオープンした都市型メタバース空間が「バーチャルあべのハルカス」です。具体的には、近鉄不動産が大阪市との協定に基づいて管理運営を行っている天王寺公園エントランスエリア「てんしば」と「あべのハルカス」が再現されています。

――「バーチャルあべのハルカス」をつくることになった経緯を教えてください。

楠 近鉄不動産として、以前より業務効率化を主体としたDXに取り組んでいました。その一環としてメタバースというバーチャル空間の存在を知り、これを使って何かできないかと考えたのが始まりです。

活用の方向性は2つありました。1つ目はNFTを使って、メタバース上で土地の売買やグッズ販売といったビジネスの展開。2つ目はメタバース内に当社独自のワールドを構築して、リアルとバーチャル空間を融合した取り組みによって相互送客につなげ、新たな街づくりを目指そうというもの。

クラスターさんに相談を持ちかけたところ、「あべのハルカス」を軸とした提案をいただきました。近鉄グループの象徴である「あべのハルカス」は、国内最大級の売り場面積を誇る近鉄百貨店「あべのハルカス近鉄本店」をはじめ、高層階の「大阪マリオット都ホテル」や国宝展示も可能な都市型美術館、多彩なイベントを催す展望台などの機能を有する大阪のランドマークです。そうした近鉄グループが集結したリソースを最大限活かしたビジネスモデルの提案に、大きな魅力を感じました。

成田　近鉄不動産様に提案させていただいたのは、バーチャル空間の中に精巧に建物を再現することだけではありません。そこにどのような拡張性を提供できるのか、ということでした。ワールドでどんなコミュニティを形成していくのか、イベントを通じて、これまで近鉄不動産様が訴求できていなかった新しい人たちと、どうやってつながっていくのか、ワールドを訪れたユーザーのデータをいかに収集して活かしていくべきか——。それらの点について、3D

かつアバターという身体性がともない、リアルタイム性のある空間の特徴や強みをアピールさせていただきました。

楠　バーチャル空間では、人気のVTuberを呼んだイベントが盛んに行われていて、多くのユーザーを集めていることは知っていました。ただ、それに魅力を感じていたわけではありません。イベント開催時にユーザーが集まったとしても、それは一過性のものであり、ユーザーの定着にはつながりにくい。

　私たちが望んでいたのは、「いつも人がいるコミュニティづくり」です。そのため、ユーザー同士のつながりを大切にしてコミュニティづくりに力を

入れているクラスターさんの提案に、強く惹かれました。

成田　あべのハルカスに来場してくるお客様と、clusterにいるクリエイターやユーザーたちがどのように融合するかという点は正直、やってみないとわからないところではありました。でも、近鉄不動産様と一緒にトライして、双方のユーザーに喜んでもらうこと、cluster内のクリエイターやユーザーが「バーチャルあべのハルカス」を訪れ、楽しみながら一緒にコミュニティを盛り上げてくれる空間をつくることは、クラスターとしても非常に挑戦しがいのあるテーマだったと思います。

楠　いかにコミュニティを活性化していくかという点を、熱量高く提案してくれたクラスターさんの姿勢に、信頼できるパートナーだと感じて決めさせていただきました。

リアルとバーチャルの融合を図り相互送客を実現

「バーチャルあべのハルカス」のミドルフロアには、近鉄グループ4社のブースがあります。近鉄不動産はリアルでも展開している、住まいのワンストップ相談窓口「住まいと暮らしのぷらっとＨＯＭＥ」のバーチャル店舗を設置し、近畿日本鉄道は駅をイメージした空間に、沿線の季節が感じられるフォトスポットや特急「ひのとり」の製造過程がわかる「ひのとり博物館」などを展開。近鉄百貨店は未来の百貨店をイメージした空間にさまざまな仕かけを用意し、現実世界のあべのハルカス近鉄本店で利用できる割引クーポンを発行、近鉄・都ホテルズは大阪マリオット都ホテルのコンセプトである「天空のホテル」から着想を得て、「天空のルーフトップバー」として表現しています。

——ミドルフロアにある近鉄グループ各社のブースでは、リアルとバーチャルの融合を図るためにどのような工夫をしているのでしょうか。

楠　メタバース空間に、タワーマンションのモデルルームとマンションの模型を設置して、興味を持っていただいたお客様をリアルの販売担当者へつないでいます。現実世界におけるタワーマンションのモデルルームというのは、ハードルが高いイメージがあり、「バーチャルあべのハルカス」で遊んだついでに、ちょっとのぞいていけるという気軽さが喜ばれているようです。これまでリアルにつないだお客様は、かなりの数になっていると聞いています。

成田　マンションのモデルルームや車の販売店に行くと、営業をかけられてしまうイメージがありますね。ちょっと検討したいといった気軽な気持ちで入るには、抵抗を感じてしまうのでしょう。

楠　モデルルームに対して、成田さんのような印象を持っている方は少なくありません。他方、バーチャルモデルルームにいらっしゃった方々は、「タワーマンションのモデルルームって、こんな感じなんだ」と楽しんでいただけています。内観を3Dで体験できますし、タワーマンションから見える実際の夜景を再現しているので、興味を持ってもらえることも多いのです。

©近鉄不動産株式会社©Cluster,Inc.

成田　社員の方がアバターで接客もしてくれるんですよね。

楠　はい。入社1年目から5年目までの若手社員が研修の一環として、自分でアバターをつくり、不動産ブースを訪れたユーザーの対応をします。自ら声をかけたときにどのような反応が返ってくるか、ユーザー同士でどのような会話がなされているのか、ユーザーは何を知りたくて、何が気になるのか……。そこで交わされる会話を集計して、マーケティングに活かすこともしています。

社員のシフト組みや会話の集計なども若手社員に任せることで、接客以外の経験も積んでもらえればと期待しています。

成田　リアルとバーチャルの融合という点では、「バーチャル志摩グリーンアドベンチャー」もおもしろい試みですね。

楠　リアルの「志摩グリーンアドベンチャー」が開業するより前に、バーチャル空間をオープンしました。まだ完成していない施設をバーチャルで再現するというのは、建設中の設計変更などもあるため、非常に難しいことです。でも、リアルで体験できることをバーチャル空間で先行体験できる機会を提供することで施設の一端を知ってもらい、リアルへの期待感を高めていきたいという思いがあったので、何としても実現しなければと考えていました。

成田　細かいところでは、ジップラインに乗っている時間までも、リアルの時間を計算して再現したスピードに設定しましたよね。

楠　それにジップラインから眺めることのできる景色にも、力を入れました。リアルのジップラインは高低差約50メートルの高さを移動することになるので、その恐怖感みたいなものも体験してもらえればと、バーチャルではあえて風を起こして揺れを再現したりしています。だから、バーチャルとリアルのどちらも体験した方が、「バーチャルで体験したことをリアルでも体験できた」と喜んでいるコメントを見たときはうれしかったですね。

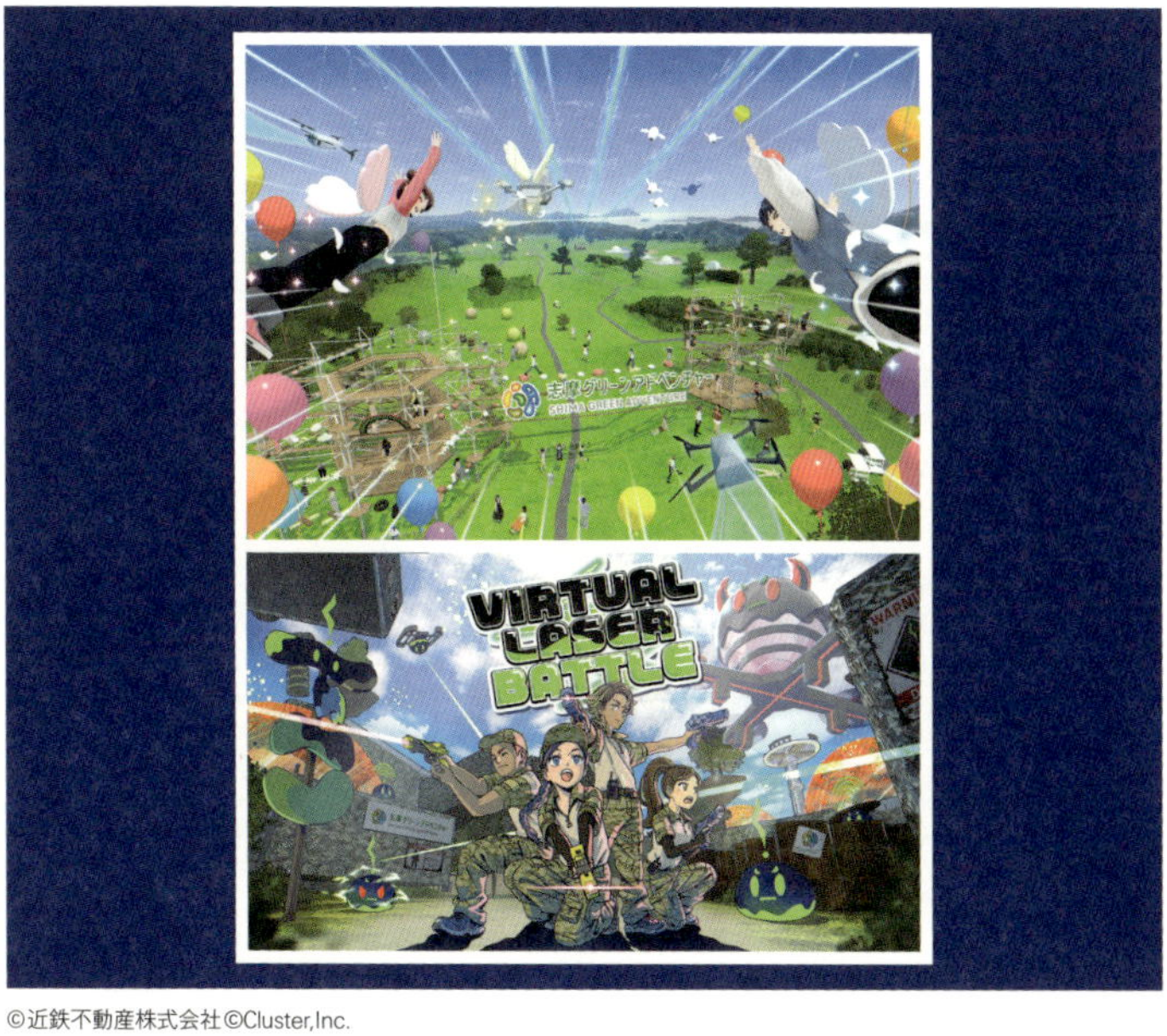

©近鉄不動産株式会社©Cluster,Inc.

リアルを忠実に再現するだけでは、リピートしてくれない

「バーチャルあべのハルカス」は、オープン後も次々と新たなコンテンツを導入してきました。あべのハルカスのビルメンテナンス用ゴンドラをモチーフに制作したアトラクション「ハルカス・ゴンドラ」では、ゴンドラに乗りながら外壁ガラスの窓ふき体験ゲームを楽しめたり、バーチャルあべのハルカスの屋上部分に「エッジ・ザ・ジェットコースター」を設置したりするなど、〝体験の拡張〟に力を入れています。

――かなりのハイペースでコンテンツを拡充している理由は何でしょうか？

楠　それはひとえに、ユーザーに何度も足を運んでもらうためです。

「バーチャルあべのハルカス」をつくるにあたって、当初はリアルを再現することに力を入れました。そのおかげで展望台エリアからの夜景など、多くのユーザーに楽しんでもらえるコンテンツが誕生したわけです。

例えば、未成年の子どもだと、夜に1人でリアルの展望台へ入って夜景を楽しむことはできません。でもバーチャルあべのハルカスなら、それを体験でき

るように、展望台エリアでは360度の夜景をすべて忠実に再現しています。

成田 リアルの魅力をバーチャル空間で表現してほしいというご要望でしたので、あべのハルカスから実際に見える夜景を撮影して埋め込んでいます。

楠 てんしばにある「OSAKA」のオブジェごしに見えるあべのハルカスというシチュエーションがSNSで広まっているので、その景色はバーチャルでもしっかりと再現してもらえるよう、クラスターさんにお願いしました。

成田 建物や街をそのまま再現することには、特に自信があります。リアルのものをバーチャル空間に埋め込むといった手法もよく使うものです。

バーチャル渋谷では、アスファルトについたガムのシミまで再現していますし、雑踏音も渋谷で録音したものを使いました。

楠 リアルを忠実に再現することは、重要な要素です。しかし、それだけでは一過性の集客にしかつながりません。近鉄不動産としては何度も訪れて、あべのハルカスや近鉄グループに愛着を持ってもらうことを狙っているので、リピートしてもらうことが何よりも大切になります。

それには、リアルを再現するだけでは足りないと気付きました。

成田 私たちが得意としているリアルの再現に加えて、体験をいかにおもしろいものにするか、そしてコンテンツをどれだけあべのハルカスになぞらえてつくっていくかというプラスアルファの要素を考え抜いて、近鉄不動産様と会話させてもらっています。その具体例の1つが、「ハルカス バーチャルサーキット」です。

楠 「ハルカス バーチャルサーキット」はゴーカートを操って架空のサーキットコースを走るアトラクションで、タイムを競う「タイムアタックモード」や「レースモード」を用意しています。ドライビングテクニックを磨いて走破タイムを短縮していくためには練習する必要があるので、何度も通ってもらえると考えました。

実際、一緒に走った人にタイムで負けたことが悔しくて通いつめてくれたり、4台あるゴーカートに友人4人で乗ってレースを楽しんだりと好評です。サーキットで知り合ったユーザー同士のコミュニティもできるなど、成功事例の1つになっています。

成田 「あべのべあ」も非常に人気です。clusterのユーザーでその存在を知らない人はいない、といっても過言ではないくらいですね。

楠 あべのべあは、あべのハルカスの展望台「ハルカス300」のキャラクターで、地上300メートルの空に生息する「空もよう」のくまです。

あべのべあをバーチャルでも再現し、社員が〝中の人〟となって「バーチャルあべのハルカス」内をうろうろしたり、ユーザーが開催しているイベントに参加したりしています。

成田　ゆるキャラのような外見がバーチャル空間にすごくマッチしていて、本当にユーザーから愛されています。

その土台をつくったのが、初代〝中の人〟でした。ユーザーのイベントに積極的に参加して一緒に写真撮影したり、会話に参加したりしていました。いつのまにか、「バーチャルあべのハルカス」でイベントが行われるとき、

©近鉄不動産株式会社©Cluster,Inc.

あべのべあに会いたいから参加するというユーザーが多くなっていったんです。初代担当が異動で離れることになったとき、ユーザーがお別れ会を開催したり、たくさんのコメントが寄せられたりしたことからも、どれだけ人気だったのかがよくわかります。

楠　「バーチャルあべのハルカス」でも、あべのべあは人気だったため、「バーチャルあべのハルカス」内にある、あべのべあが過ごす部屋の隣に同じ部屋をつくって、レンタルルームとして貸し出すサービスを限定販売しました。それが、すぐに完売していました。

成田　あべのべあが好きなユーザーたちのコミュニティで、交わされる雑談の中心はあべのべあであり、あべのべあがどのイベントに参加するかという話題が出れば、みんなで行こうと盛り上がるなど、熱量もかなり高い。イベント会場にあべのべあがいれば、その周りに自然とユーザーたちが集まっていって交流が活発になることもあります。その時間が楽しいから、また「バーチャルあべのハルカス」を訪れるという機運が生まれていく——この好循環がうまく機能している好例こそ、あべのべあだといえるでしょう。

楠　正直なところ、近鉄不動産側から何か仕かけたわけでもないのに、ユーザー起点でイベントが発生していくことに驚かされました。それまでイベントというものは企業側がなんらかの目的を持って、企画を練って仕かけていくものだと考えていたわけです。それがユーザー自ら、私たちのキャラクターを中心にイベントを開いてくれるというのが新鮮でした。

実は「バーチャル志摩グリーンアドベンチャー」でも、ユーザーが自発的にワールドの紹介動画を作成してくれたり、参加者を募ってツアーを開催してくれたりしました。そのツアーに、私たち企業側のスタッフが招待されたほどです。こうしたユーザーたちによる自然発生的なアクションというのが、コミュニティを大切にしているclusterの強みだと感じています。

バーチャル空間の拡張によって新たなターゲットを獲得

2023年3月に「バーチャルあべのハルカス」がオープンしてから2024年8月末までで、延べ1200万人を超えるユーザーにさまざまなコンテンツをお楽しみいただきました。

ここからさらに多くのユーザーに楽しんでもらうため、コンテンツの追加だけでなくエリアの拡張にも注力。その一環として、2024年7月に「バーチャル天王寺動物園」をオープンしました。

楠　「バーチャル天王寺動物園」は、近鉄不動産とクラスター、地方独立行政法人天王寺動物園が共同で制作したバーチャルの動物園です。これは、さまざまな動物が3Dで再現されているという単純なワールドではありません。

360度視点で動物の生態観察ができ、動物の姿形はもちろん、動きや鳴き声までかなり細かくつくりこんでいます。本物の動物たちの鳴き声を録音して実装しており、じっくり観察していると動物たちの関係性まで感じられるほどです。

成田　リアルの動物園では、至近距離からライオンを観察することはできません。バーチャルだからこそ、目の前まで近寄って見ることもできるし、360度さまざまな角度から観察することも可能なのです。

「バーチャル天王寺動物園」では、実際の動物園内で動物のえさを運搬するために使われている「ターレ」という乗り物を、空飛ぶ乗り物として再現し、上空から動物を観察するというバーチャルならではの仕かけもあります。

楠　安全に、かつ自由度高く生態観察ができるということで、小学校から「教材として使いたい」と多くの問い合わせをいただいています。リアルの天王寺動物園は遠足ルートに組み込まれることが多いのですが、その事前勉強として役立ったという声もありました。あまりにも反響が大きいので、天王寺動物園で働いている本物の飼育員が、バーチャル上でガイドツアーとして参加するイベントも開催を予定しています。

成田　インキュベーション機能も実装しましたよね。

楠　はい。天王寺動物園と共同で、アバターが装着するアクセサリーやアイテムなどを制作して販売しているのですが、そこで得た収益は全額寄附しており、天王寺動物園の運営や動物福祉にお役立ていただきたいと思っています。また、寄附していただいたユーザーからワールド内で撮影した写真を提供してもらい、モザイクアートとして展示するユーザー参加型のアートギミックも行っています。このように「バーチャル天王寺動物園」をきっかけに、リアルとバーチャルが融合する形を新たに生み出していこうとしているわけです。

成田　近鉄不動産様との数々の取り組みは、クラスター単体ではできないことです。cluster のサービスを運営、経営しているだけでは気づけないようなアイデアやコンテンツのヒントをいただくことができて、想像もつかなかった取り組みが実現できています。

このようなかけ合わせによって発生するイノベーションみたいなものには、すごく期待させていただいています。

楠　そこでさっそくですが、最近はｅスポーツに興味がありまして……。何かできないかなと、新たな施策を考えています。というのも、昨年、開催したあべのハルカス入居テナント対抗のゲーム大会「パワフルプロ野球２０２４『ハルカスカップ』」がものすごく盛り上がったので、いかがでしょうか。

成田　決勝戦に進出した１チームからの要望で、全国の支店から応援できるようにと、cluster内でリモート観戦できるようにしましたね。

楠　VTuberなどの登録者数に頼ることなく、コンテンツの力だけで大勢のユーザーを集め、大いに盛り上がったことは大きな成果でした。そこに、ｅスポーツの大きな可能性を感じたのです。今後も検討したいアイデアがあるので、相談させてください。

成田　ぜひ、よろしくお願いいたします。

Dialogue

あえてメタバースを選んで観戦する世界 ――その実現を目指して……

KDDI株式会社 事業創造本部Web3推進部副部長 **矢島葉介**氏×クラスター **成田暁彦**

2024年に5周年を迎えた「バーチャル渋谷」は、KDDI、渋谷未来デザイン、渋谷観光協会が中心となって組成していた「渋谷5Gエンターテイメントプロジェクト」とクラスターの連携によって、2020年5月にオープンした日本初の自治体公認都市連動型メタバースです。

――「バーチャル渋谷」制作の経緯を教えてください。

矢島　実は、偶然の産物なんです。当初は現実の渋谷で街にデジタルアートを出現させるなど、AR（拡張現実）を使って街中にエンタメ・コンテンツを再現するというプロジェクトでした。ところが、新型コロナウイルス流行の影響でリアルの渋谷に人を集めることができなくなってしまったんです。

そこで、リアルからバーチャルに舞台を移し替えることになり、クラスターさんに協力してもらい誕生したのが、「バーチャル渋谷」です。

成田　オープン当初は、かなりメディアでも取り上げてもらいました。

矢島　当時はメタバースという言葉も一般化していない時期で、目新しさはあったと思います。それに、コロナ禍でリアルのイベントなど人を集める企画ができなくなってしまったため、メタバース空間にワールドをつくってアバターを通して体験を提供できるということに期待感が膨らんだのだと思います。実際、さまざまな企業や渋谷区以外の自治体から問い合わせを数多くいただきましたから。

成田　どのような問い合わせが多かったのですか？

矢島　企業からはイベント開催などプロモーションの場として「バーチャル渋谷」を使わせてもらえないかという内容が多かったです。ＳＮＳマーケティングのようにリーチを獲得する機会というだけでなく、今までにないユーザー体験を提供できるところに注目いただいた感じです。

成田　ＰＲバリューみたいなところですね。

矢島　はい。２０２０年、２０２１年頃は、それが主流でしたね。一方、自治体からは町おこしに活用できないかという相談ベースの問い合わせをいくつもいただきました。

成田　社会課題解決という観点では、「バーチャル渋谷」で毎年開催している「バーチャルハロウィン」は成功例の1つといえるのではないですか。

矢島　そうですね。近年はハロウィンの時期になると、大勢の人が渋谷に集まり、さまざまな問題が発生していました。それを少しでも緩和しようと始まったのですが、2020年は延べ40万人、2021年は55万人、2023年には150万人の方々に楽しんでもらえたイベントに成長しています。

成田　世の中的には、メタバースがメディアで大々的に取り上げられる機会が減り「オワコン」などといわれるこ

©KDDI・au 5G / 渋谷5Gエンターテイメントプロジェクト

ともありますが、KDDIさんとしてはどのような印象をお持ちですか。

矢島　体感としても実感値でも、そんな印象は持っていません。事実、バーチャルハロウィンは年を追うごとに動員数が増えているし、clusterの住民も着実に増えていると聞いています。

メタバースという新しいものへの過度な期待——メタバース空間で買い物ができるし、エンタメを楽しむこともできるなど、すべての行動が完結できる夢の世界を期待していたけれども、現状は技術的な課題もあってそこまでのことはできないことに気づいたというのが現状なのではないでしょうか。ハイプサイクルでいうところの「過度な期待」を過ぎて「幻滅期」に入っている、と。しかし、それは単に期待値が高すぎたというだけで、日々技術的にも進化しているし、メタバースを楽しむユーザーも増えています。

ここ2～3年は、勘のいい会社さんが中長期的な利用法を模索、実行し始めてもいます。例えば、不動産会社がショールームに活用したり、自治体でも地域住民のコミュニティやひきこもり支援に使ったり。他社の事例になりますが、鉄道会社が駅を再現して利用者との新しい交流の在り方を模索したり、メタバースに役所の支所を開設して住民向けのサービスを提供したりするところも出てきています。

成田 マンションのショールームや自動車の販売店などは、リアルで見に行くハードルが少し高い。熱心に営業される印象があるので、気軽にちょっとのぞいてみよう程度の気持ちでは行きにくいところがあります。メタバースであれば、そういう人たちのファーストステップ、ライトな体験をデジタルですぐに提供できるという良さがあります。こういったメタバースの上手な活用方法というのを、これからもタッグを組む企業様と一緒に探っていきたいですね。

——「バーチャル渋谷」の課題にはどのようなものがあると感じていますか。

矢島 機能的に発展途上だなと感じています。現実世界で起きていることをリアルタイムにメタバース上に反映できるようになると、できることがもっと広がるだろうな、と。現状は、どうしてもバーチャルはバーチャル、リアルはリアルと分断されてしまっていますが、例えば、クラスターさんで準備したAPI機能をKDDIの5GやIoT機能とかけ合わせることで、現実で起きていることがメタバースに反映されたり、その逆であったり。それができれば、メタバースの中だけのイベントが現実世界の渋谷の街のイベントへと広がっていって、より大きな影響力を発揮できるようになると思うんです。

成田　具体的にイメージしていることはありますか。

矢島　明確なイメージではありませんが、ＫＤＤＩは電波や位置情報といったデータを持っているので、リアルイベントにどのくらいの人が滞留して楽しんでいるのか把握することができます。それがcluster上に反映されるギミックをつくれたらリアルの熱量をそのままバーチャル空間に持っていくことができると思うんです。逆に、clusterでユーザーが起こしたアクションが渋谷の大ビジョンに反映されるとか。それっておもしろいと思いませんか。

成田　渋谷の街を歩いている人がいつの間にか「バーチャル渋谷」の中に登場していて、「バーチャル渋谷」の中にいるユーザーたちがその人たちを見ることがコンテンツになっている……、おもしろいですね。リアルとバーチャルの連動は私たちも重要なテーマの1つと考えていて、何ができるのか模索しているところでもあります。

矢島　リアルとバーチャルを連動させることができれば、コミュニティの熱量を高めやすいというメタバースの特徴にもプラスアルファの効果が期待できると考えています。その可能性を秘めるコンテンツの1つがスポーツ観戦です。

メタバースと好相性なスポーツ観戦

KDDIは、メタバース×スポーツで意欲的な取り組みを行っています。クラスターと連携した事例としては「バーチャルハマスタ」があります。バーチャル空間に横浜スタジアムを再現。スマホやVRゴーグルなどでアクセスすることで、多視点で試合を観戦したりジェット風船を飛ばしたりとリアル観戦ではできない楽しみ方を提供するという試みでした。初回となったDeNAベイスターズとヤクルトスワローズ戦には横浜スタジアムの収容人数とほぼ同数の3万人以上が参加するという成果をあげています。

最近では、「バーチャル高校野球」の企画として、都市連動型メタバース「バーチャル大阪」において、第106回全国高等学校野球選手権大会決勝のパブリックビューイングイベントを実施しています。

――メタバース×スポーツ観戦の可能性について、詳しく教えてください。

矢島　メタバースとスポーツ観戦の相性はすごくいいと思っています。ただ、現状はメタバース上で観るとなるとリアルで観戦するよりも画面が小さくなるなど、改善していかなければならない部分も多いと感じています。
ただ、リアル観戦ではできない要素をバーチャル空間であるメタバースであれば盛り込むことができます。例えば、スタッツ（チームや選手個人のプレー成績）は試合映像と同じくらい人気がありますが、それを画面上に表示したり、選手がどこに立っているのか、どういう動きをしているのかなどを3次元的にリアルタイムで楽しめるようにすれば、リアルやテレビには出せない価値が絶対に出てくるはずです。野球ゲームのように、ピッチャーが投げたボールの軌跡を表示できれば、野球好きがものすごく盛り上がるでしょう。

成田　一般の人が入れないベンチ裏やブルペンにもバーチャル空間であれば入ることができますし、芸人さんやOB選手による裏実況をすることで、副音声的な楽しみを提供することもできます。
KDDI様とのプロジェクトではありませんが、eスポーツをclusterで開催したときは、勝利チームのチームカラーで会場を染める演出をしたこともありました。

矢島　センシング技術によって収集したリアルの情報をメタバースに取り込むことで、例えば、選手の動きを精緻に再現できるようになれば、コンシューマー向けだけでなく、戦術理解や戦術立案、選手育成といった方向でも活用できるようになるかもしれませんね。

――「バーチャル高校野球」では、今、話に出たようなプラスアルファの要素を盛り込んだのでしょうか。

矢島 「バーチャル高校野球」におけるメタバース活用は、まだ3年目で道半ばというのが現状です。1年目は、試合映像を使わず甲子園の歴史や過去の新聞記事の展示をするだけにとどまっていて、2年目から一部の試合映像を流すパブリックビューイングを実施するようになっています。プラスアルファを盛り込むのは、今後の課題だととらえています。

成田 メタバースでの試合観戦を経て成果や気づきは何かありましたか。

矢島 スポーツコンテンツは、他のコンテンツに比べて会話量が多いという特徴があり、決勝戦でも同様の傾向がみられました。入室者数に比べて発話数がものすごく多かったです。ユーザーが球場にいるような感覚になっているのでしょう。みなさん、「行け!」とか「チャンスだぞ!」とかチャットのコメントだけでなく、ボイスでもたくさん聞くことができました。

成田　テレビ観戦をしていても、思わず声が出てしまうことがありますよね。

矢島　見た目はアバターですが、一緒に観ている人がいるという状況も会話量を増やしている要因だと思います。clusterという空間を共有している仲間という一体感が生まれるのか、映像を見ながら横にいる人と一緒に応援している様子が印象的でした。メタバースであっても、スポーツ観戦が生み出す熱量の高さまで再現することはできるだろうという感触はつかめましたね。

成田　ただ、現状、メタバースは生観戦の熱量には届いていないと感じています。やはり甲子園に行ってスタンドで観るほうが感動すると思うんです。

でもそこに追いつきたい。開催地から遠く離れた地域に住んでいて生観戦はできないため、〝じゃあ〟メタバースでいいかと考える人の〝じゃあ〟を取り除きたいんです。リアルで現場へ行ける人たちに、わざわざメタバースで観ようと思ってもらいたいんです。熱量という点でいえば、可能性はあると思っています。鍵となるものの1つは、アバター同士のコミュニケーションです。

矢島　どういうことでしょうか。

成田　選手やアーティストでも、インフルエンサーでもいいのですが、自分の推しと同じ時間を共有できて、直接話したり、エモートで同じ動作をしたりというのは、非常に喜ばれます。その体験にものすごく価値を感じてくれるんです。

知人の話ですが、推しのコンサートチケットが入手できなくても会場のある街まで行って、過去に推しが立ち寄ったお店などを巡るそうです。もしかしたらお店で会えるかもしれないからだそうです。

矢島　推されている人からすると、それはちょっと怖いですね（笑）。

成田　そんな1％の可能性にかけるよりは、メタバース内で推しと直接コミュニケーションがとれるならそっちを選ぶと思うんです。同じ時間、同じ空間など〝同じ○○〟を共有している

ことに、すごく熱量が高まるからです。実際、あるメタバースのイベントに参加したユーザーは、推しと話をして、推しが自分と同じエモートをしてくれたことに「本当に楽しかったです」と興奮して帰っていきました。

矢島 推す側だけでなく、推される側としてもお互いアバターであれば安全なので、安心してコミュニケーションがとれますね。

成田 飲み屋のカウンター越しにチラチラ見られるのは落ち着かないですし、リアルの場合、身体的な危険を感じることもあるでしょう。そういう心配をする必要なく、ファンとのコミュニケーションを楽しめるのは、推される側にとってもうれしいことだと思います。

矢島 リアルで起きている事象をメタバースに持ってきてあげることで、リアルと同程度まで熱量を高めることはやり方次第で可能だということですね。

成田 ＫＤＤＩ様はメタバース×イベントにおいて多くの事例と知見・技術を持っていると思いますし、プラットフォームとしてできることが一番多いのはclusterだと自負しています。この両社であれば、リアルに追いつき、追い越せるだけの熱量を生み出す手法を発明していけるのではと感じることができました。本日はありがとうございました。

Dialogue

長く培ってきた仕事観すら変えてしまう力が、メタバースにはある

株式会社テレビ朝日 コーポレートデザインセンター 横井 勝氏×
VRワールドクリエイター 山盛りキムチ氏×クラスター 成田暁彦

2024年7月20日から9月1日までの40日間にわたり、cluster上でバーチャル史上最大規模の体験型コンテンツ「メタメタ大作戦」が開催されました。「自ら参加できて、遊べる」文化祭のようなイベントでは、「ミュージックステーション」「クイズプレゼンバラエティー Qさま!!」「しくじり先生 俺みたいになるな!!」「あのちゃんねる」「ブルーロック」などの人気番組とコラボしたブースのほか、期間中に50ものイベントが開催され、8月12日時点で総来場者10万人を突破するなど人気を博しました。

――メタメタ大作戦を企画した意図を教えてください。

横井　新型コロナウイルス流行の影響でリアルのイベントができなくなった頃から、cluster上で「メタバース六本木」というバーチャル空間でイベントを行う取り組みを行っていました。ただ同時に、自分たちで企画したものが多いな

と感じていたのです。
企業の考え方として、自分たちが企画したイベントへ多くの人にきてもらって、楽しんでもらうというのは通常のことではあります。でも、それでは意図した範疇を超えることは難しい。せっかくメタバースという新しく、クリエイターなどさまざまなコミュニティが存在するプラットフォームでイベントをするのであれば、クリエイターや来場者まで巻き込んで〝一緒につくる〟文化祭のようなイベントのほうがおもしろいかもしれないと考えました。

成田 clusterを選んでいただけた理由は何だったんでしょうか。

横井 それは明確です。1つは同時接続できる人数が多いだけでなく、スマホからもアクセスできるというカジュアルさです。それに加え、イベントモードの存在も大きいですね。テレビ局ということもあり、タレントさんに参加いただくケースが多いのですが、イベントモードがあるおかげで、出演者の領域を担保しやすいんです。

成田 観客が出演者のいるステージに上がれないように権限を分けたり、悪質な行為をする人をミュートにしたりする機能のことですね。

横井 はい。それから出演者の温度感まで伝わるライブ感が強いところも、

Dialogue

clusterを選んだ理由の1つです。他のプラットフォームの場合、ライブといわれているものでも、事前に仕込んであるモーションを3D空間内で再生しているだけということがあるので。

成田　clusterではすべてライブにすることもできますし、一部埋め込むこともできます。例えば、VTuberさんのライブで曲だけ埋め込んでおいて、クロストークやアドリブなどはすべて生にするとかですね。

横井　出演者と来場者のライブ性を大事にして、細かく構築できるイベント機能がclusterにはあります。

山盛りキムチ（以下、山盛り）　こういった運用は、プラットフォームの運営側が機能を提供してくれない限り、ユーザーレベルでは操作することができません。そこまで配慮されているところが、clusterの魅力になっていると思います。

メタバースのゲームは現実の「遊び」に近い

「メタメタ大作戦」のブースの1つに、「あのちゃんねる」とコラボしたゲーム「あのちゃんねるPresents 井口の歯 おそうじ大作戦！」があります。ウエストランド井口さんの特徴的な歯並びを模した空間に参加者が突入して歯を掃除するという独特な内容で多くのユーザーを集める人気ブースです。このワールド作成を担当したのが、山盛りキムチさんです。

――「あのちゃんねるPresents井口の歯おそうじ大作戦！」の作成を山盛りキムチさんに依頼した、狙いは何だったのでしょうか。

横井　新しい化学反応を起こしたかったからです。あのちゃん自身もクリエイターなので、クリエイター同士がぶつかることでおもしろいことが起こると考えました。clusterで活躍しているクリエイターの中でゲーム性のあるものやギミック制作に長けていて、かつ、あのちゃんの提案に対応できそうな人ということで山盛りさんを紹介いただきました。

山盛り　あのちゃんからの要望は、口の中に突入して歯を掃除するというコンセプトでした。

横井　あのちゃんの世界観では歯並びの悪いことが魅力的であって、その世界観にあてはまる井口さんの歯がお気に入りでした。歯並びはきれいなほうがいいというのが一般的ですが、それとは異なるあのちゃんの価値観と多様性を受け止めてくれるメタバースの組み合わせはおもしろいなと思いました。

山盛り あのちゃんの提案を聞いたとき、メタバースとの相性が良さそうだなと感じました。コンシューマーゲームで、誰かの口の中に入って歯を掃除するゲームが開発されることはありません。でも、メタバースであれば、実際につくることができるし、大勢がマルチでプレイできるゲームにもしやすい。ありきたりのアイデアを提案されていたら、どうおもしろくすればいいのか悩んだと思いますが、いろいろ空想が膨らむ提案だったので手が進みました。

横井 ただ、おもしろさはありつつも、井口さんの口の中がモデルだったので、リアルすぎるとグロテスクになるという懸念はありました。そこはバランスが重要でしたが、かわいく仕上がって満足しています。

成田 あのちゃんの提案を受けてゲームをつくることになったわけですが、メタバースで「楽しめるゲーム」に仕立てるためのポイントはあるんですか。

山盛り ゲームが持つ根幹部分のおもしろさに、頼りすぎないことだと思います。メタバースのゲームは、現実の遊びに近い概念になっています。

例えば、現実で友人と遊ぶときって、ウインドウショッピングしただけでも、ドライブで海に行っただけでも「遊んだな」と感じると思うんです。友人と一緒に歩いたり、しゃべったり、体験を共有することのすべてが遊びであって、何かを買うことや海へ行くといった目的を達成することがすべてではないでしょう。メタバースも同じで、同じ空間にいてみんなで歩いたり、ゲラゲラ笑ったりできる空間づくり、体験づくりを絶対条件にしました。

そうすると必然的に、この企画で初めてclusterをインストールした方でも一緒に、気後れなく楽しめるシステムにする必要があると考えたわけです。

成田 あのちゃんのファンやコラボ番組の視聴者なども当然、来場することになるので、初メタバースの人も意識したんですね。

山盛り 何なら、スマホゲームすら一度もやったことがない人も想定しました。スマホゲームをしたことがない人だと、アバターを真っすぐ歩かせるだけで精一杯で、周りの人に迷惑をかけてしまうのではないかと遠慮して楽しめない可能性があると思ったからです。なので、参加者がそこにいるだけで周りの人の役に立つというゲームシステムを目指しました。

成田 日本人は周りに気を遣って遠慮してしまう傾向が強いので、苦手意識を持ったままメタバースに入ってきてゲームで失敗してしまうと、それだけでログアウトしてしまう可能性がありますからね。

横井　井口の歯おそうじ大作戦は、1人だけでは最後までゲームをクリアし難い仕様にしているのもそのためです。協力してゴールへ向かう体験、一緒にプレイした人たちから「ありがとう」といってもらえるような体験を通して、気軽につながりを感じてもらいたかったんです。

ただ、得点ゲームだとどうしても競争意識も芽生えてくるので、その難しさを解決してくれた山盛りさんの設計がすごく良かったなと思っています。

山盛り　自分だけが活躍しようとするとうまくいかず、みんなで協力したほうが個人スコアも伸びるみたいな、絶妙なバランスを狙いました。要は、「一緒にプレイする人たちと仲良くなったほうが得ですよ」という設定ですね。こうすることで、cluster初心者だけでなく、長く遊んでいるユーザーも楽しめるゲームにすることができるとも考えました。

――現実の遊びに近いブースづくりで他に工夫したところはありますか？

横井　口の中に突入する前に広場があって、橋を渡ってゲームがスタートするという設計になっていた点もポイントでした。すぐに開始せず、広場で参加者同士が情報交換をしたり、一緒に行く仲間と雑談をしたり。その時間があって

作戦終了まで
残り125秒
作戦成功！

から橋を渡るんですが、あの「橋」の存在が結構重要なんです。

山盛り 橋を渡ることで、これからゲームに突入していくぞというムードが高まっていきます。仲間と一緒に橋を歩いていくことも、1つの体験なんです。ゲームの中で敵を倒して自分のうまさを実感する、誇れるといったうれしさは限られた人だけのもので、大半の人はそんなに上手にはできません。そういう人にとって楽しいゲームって、自分がすごいことに挑もうとしている、すごいことをやろうとしているというドキドキ感だったりします。

機能だけを求めると、バーチャル空間はすごくそっけないものになってしまいます。ビジネスであれば、会議室にはモニターとテーブル、椅子があればいいと無駄なものをそぎ落として効率を求めますが、そういう空間では会話が広がらなかったりするものです。

でも、バーチャル空間では余計なものがあればあるほど、みんなで集まっておしゃべりができます。だから、バーチャル空間は足し算なんです。誰かが欲しいと思ったものがコンテンツになる。例えば、会議室にバナナがあっていいんです。そこから会話が生まれていきますから。

成田 企業側（運営側）がコントロールしようと思うと、最初に狙った範囲を超えることができなかったりしますね。この場所ではユーザーにこういう体験をしてほしいなどと縛りすぎると、想定を超える動きや反応は出てきづらい。

山盛り　企業側やワールド制作者としてやってもらいたいことは提示しますが、その通りにするかどうかはユーザーに委ねることが重要です。ここのバランスが一般的なゲームとの違いで、コントロールされない空間というのが、メタバースの大きな魅力になっています。

成田　だからこそ、コミュニティが自走していって、雑談や会話の中心を占めるものへのロイヤリティが高まっていくんです。

横井　羽生結弦さんとメタバース六本木のコラボイベントが良い例でしたね。イベントの告知とともに、羽生さんは登壇しないことをしっかりとお知らせしていたのですが、それでも大勢のファンが「羽生くんの世界観のイベントなら行ってみよう」と、clusterにアクセスしてくれたんです。しかも、事前にアイススケートができるワールドを見つけ出して、アバターで滑る練習までしてくれて。

成田　イベントとはまったく関係ない、2年前くらいにつくられたワールドだったのですが、突然アクセス人数が急増して人気エリアになりました。

横井　clusterどころか、ゲームなどほとんどやったことがないファンの方もたくさんいたようですが、滑れるようになった人が他の人に操作方法を教えているんです。手ほどきをうけた方も楽しみながら、イベント本番までに少しでも操作に慣れようという熱気が感じられました。

山盛り ユーザーが主役になって、それぞれ自分のやりたいことを楽しむことが思い出になっていく——それは現実のイベントでも難しいことですよね。どうしても主催者側が体験を提供するため、その範囲内でおさまってしまうので。

横井 主催者側だけで完結しない「間」をつくっておくのも重要だと思います。滑れるようになるために何度もワールドに来てくれるし、それにつれてイベントへの期待値も高まっていきました。こうした熱量を継続的に高めていけるワールド設計の手法をつかめれば、そこにビジネスチャンスが生まれると感じています。ただ、これも企業側が設計しすぎるとだめなんでしょうね（笑）。

アンバサダーとボランティアの存在が熱量を加速させる

「メタメタ大作戦」開催期間中は、アイドルやタレント、VTuber、クリエイターなどがアンバサダーやボランティアとして、参加者のサポートをしながらイベントを大いに盛り上げてくれました。

――アンバサダーとボランティア、それぞれの役割を教えてください。

横井　アンバサダーは、イベントを楽しむための旗を立ててくれる存在です。象徴的な存在として参加者と一緒に会場を盛り上げてくれたり、「一緒にこの文化祭をつくりあげていこう!」と旗を振ってくれる仲間だと思います。

一方、ボランティアは参加者と同じ目線に立って一緒に楽しんでくれる存在です。アンバサダーが旗を振って、参加者のコミュニティがより楽しめるように盛り上げてくれる存在だとすれば、ボランティアは参加者の横に並んで、一緒に盛り上がってくれる存在といえばいいでしょうか。

山盛り　来週みんなで集まって、どこそこのブースへ行きましょうと告知してくれていたアンバサダーもいましたね。

成田　ボランティアやアンバサダーがいたことによる効果を、実感した瞬間はありましたか?

山盛り　仲良くしている人がボランティアで参加していたんですが、それだけのことでワールドへの感じ方がまったく違いました。普通は審査するような目で見てしまうものです。特に企業のワールドが公開されたときなどは、「どんなものか」って品定めするような気持ちになってしまうこともある。

でも、こういったボランティアやアンバサダーがいることで、最初から応援する気持ちが湧いてくるんです。それに会場でがんばっている友人を見かければ、うれしくなります。そういうことの積み重ねによって、たとえ一緒に遊んだわけではなくても、イベントへの向き合い方が少しずつ変わっていく気がしました。

成田　友人が働いている居酒屋へ行くみたいな感覚ですよね。それが第一想起にもなります。イベントに対する心の距離感が近くなるので、第一歩も踏み出しやすくなるはずです。

山盛り　そうなんですよね。バーチャル空間に慣れていない人は、入ること自体に気後れすると思います。でも、基本的に楽しむために入っている人しかいない空間なので、余程失礼なことをしない限り、嫌な思いをするような事態にはなりません。

楽しもうとしている人たちで埋め尽くされている空間で、そこが現実世界と大きく違うところでもあります。それに、clusterは他のメタバースプラットトフォームと比較しても、ずば抜けて治安がいいんです。

横井 確かに、clusterは〝優しい世界〟だと思います。

成田 最近は、気軽に発言できる場が減っていますが、SNSも心理的に安全とはいえなくなっています。clusterはコミュニティを形成したり、雑談したり、好きなことをいったりできます。アバターやワールド、アイテムをつくるなど発言以外の自己表現のバリエーションも豊富なので、〝自分なりの楽しみ方〟を見つけやすい空間だともいえるでしょう。

——企業がメタバースを活用する際のポイントや注意点はありますか？

横井 まずは、自分でさまざまなプラットフォームを体験して、好きな世界を見つけることが重要です。アプリなどをインストールすらしないで、「メタバースをマーケティングに使ってみたい」という人もいますからね。

山盛り ショートカットしたいんでしょうね。座学でもそれなりに理解できるから、それで済ませたいのだと思います。

成田 でも使ってみないことには、「こうしたい」という発想の源泉も生まれてこないので、まずは何も考えずに3時間触ってみてほしいです。

それと、絶対に1人でやらず、友人でも、家族でも、お子さんでもいいので、誰かと一緒にやってくださいといっています。1人で入って誰とも話さず、交流せずにワールドを眺めていても、メタバースの魅力はわかりません。

山盛り 私の実体験ですが、clusterでワールドをつくって、みんなで遊ぶというのは、とてつもないインパクトなんですよ。

私はもともとグラフィックデザイナーになろうと必死に努力して、夢を実現しました。仕事も順調に広がっていって、このまま一生グラフィックデザイナーを続けるんだと考えていたんです。でもclusterを始めて、グラフィックデザイナーじゃなかったかもしれない、と感じてしまった。一番なりたい職業は、ワールドクリエイターなんだと気付かされた。

そのくらいガラリと、価値観が変わったんです。

成田 企業が活用する上でのポイントでいうと、クリエイティブマインドのある人が担当することも大切です。「メタメタ大作戦」がうまくいったのも、ミュージックステーションのCGなどを長年担当している横井さんだからこそ、という面はあると思うんです。

横井 たしかに、十分なXRの開発経験がある人やクリエイティブなものを好きな人のほうが、リスクに対する考え方が違うかもしれないですね。「良いか悪いかをゼロイチ」で判断するのではなく、「起きたところでこれくらいだったら大丈夫」とリスクとおもしろさのバランスを見極めることができるかどうか。その前提として、クリエイターやクリエイティブなものに対するリスペクトも欠かせません。

――最後に、コミュニティマーケティングの舞台として、メタバースの可能性についてみなさんの考えを教えてください。

山盛り　clusterでイベントを開催していると、どんどん人とのつながりが増えていきます。最近はVTuberさんと音楽イベントを開くことが多いのですが、音響を見てくれる人や運営を担ってくれる人、MCをしてくれる人……、知り合いの知り合いや、他のイベントで出会った人からの紹介など、輪が広がっていきます。

今後、プラットフォームとしてできることが次々と増えていけば、もっとおもしろいことができるようになるし、それにともなって一層つながりも拡大していくはずです。今はまだワールド一つひとつが独立していますが、そのワールドすらもつながっていって、将来的にはMMORPGみたいなオープンワールドが生まれるかもしれません。そうすれば、まるで現実世界をつくるような感覚でバーチャル空間をつくっていく、みたいなことができると思います。具体的なイメージがあるわけではないので、うまく表現できないのですが、clusterと出会ったときの衝撃以上に、さらにすごい体験ができるのではないかなと期待しています。

横井　リアルの「出来事」とバーチャル空間での「出来事」がつながることで、次世代の体験やビジネスが生まれると感じています。例えばミュージックステーションは、ものすごく熱量の高いファンが視聴してくれています。でも、放送は個別に観ていて、放送後もファン同士が気軽につながる機会はありません。もしバーチャル空間で集まれる場があれば、視聴前後に熱量の高まったファン同士が感想を語り合ったり、推しの良さを楽しく確認し合ったりするでしょう。リアルでは出会うことのなかったファン同士のつながりが生まれ、そのコミュニティ内で交流して熱量が加速度的に高まっていくわけです。

　メタバースには、そんな点と点をつないでいける可能性を感じています。

成田　企業がコミュニティマーケティングに取り組む際、企業そのものやブランド、製品・サービスが〝推される対象〟になることを期待しているのだと思います。そのためにはコミュニティ内の雑談など、会話内でできるだけ多くのシェアを獲得する必要があります。コミュニティの中で、企業に関する話題が多ければ多いほど、その企業に対する熱量が高いといえるからです。

その点、メタバースであれば、会話のシェアを拡大していくための手段をバリエーション豊かに提供することが可能です。ワールドやイベント、アイテムがありますし、身体性をともなったアバターを通じて立体的な体験を提供することができます。

一方、推す側から見た場合は、自分の推しに対する熱量の表現手段が豊富です。推す人は、「私のほうが好きだ」と発信するためにグッズをコンプリートしたり日本中を行脚したりしますが、メタバースであれば、ワールドやイベント、アイテムをつくるというクリエイティビティな手段によって、自分の熱量の高さを発信することができます。

このように、推す側、推される側双方にとって、熱量を高めていくための手法・手段のバリエーションが幅広くあるところが、メタバースの優位性だと思っています。

Interview

クリエイター心をくすぐる仕かけ、そこにいるだけでも楽しい空間づくりがワールドづくりのコツ

メタバースクリエイター ｖｉｎｓ（ヴィンス）氏

clusterを中心にゲームワールドなどの創作活動を行っているｖｉｎｓ（ヴィンス）さんは『メタバースワールド作成入門～clusterで作る仮想世界・イベント空間～』、『メタバースイベント作成入門～clusterイベント開催とワールド・アイテムの作り方～』の著者であり、ワールドづくりに関する勉強会を開催したり、講演を行ったりすることもあるクリエイターです。そこで、ｖｉｎｓさんにクリエイター視点から、clusterの魅力などをうかがいました。

――clusterでワールド制作をしてみようと思ったきっかけは何でしたか?

もともとアマチュアのクリエイターとしてコンピュータゲームをつくっていたのですが、その活動に限界を感じるところがありました。近年、ゲームクリエイターが非常に増えたことで、レスポンスをいただくことがとても難しくなっているからです。たくさんのゲームが次から次に発表されることもあって、

たくさんの人に遊んでもらう難易度がとても高くなっているのです。
そんなときに見つけたのが、clusterでした。メタバースという新しいプラットフォームで、アバター要素やネットワーク要素があり、手軽にゲームをつくれそうな機能もあることで、「ちょっとやってみようか」と軽い気持ちで始めました。そこから魅了されていくことになります。

それまでのゲームづくりとの大きな違いの1つが、アバター文化でした。アバター自体はさまざまなゲームで取り入れられている要素なので、何ら珍しいものではありません。でも、メタ

バースにおけるアバターは、それまでのゲームで触れてきたアバターよりも自分のアイデンティティに強く結びついている感覚があるんです。同時に、一緒にプレイした人のアバターにもその人のアイデンティティを強く感じることができます。

理由は、体験できることの幅がとても広いからです。そもそも、通常のゲームでは、そのゲーム専用のアバターをつくってプレイするのが当たり前で、他のゲームでも同じアバターを使えるということはありません。しかし、メタバースでは、同じアバターで自分のワールドだけでなく、他の人がつくったワールドへ行くことができます。さまざまなイベントに参加したり、私の場合は講演したりすることもあります。日常生活のすべてをアバターで過ごしているわけではありませんが、やればやるほど、そう錯覚させるような不思議な感覚を持つようになれるんです。

その分、自分がつくったゲームで多くのアバターたちが遊んでくれたり、楽しんでくれたり、おもしろかったといってくれたりしたときの実感もすごく強いものになります。メタバース以外でゲームなどのコンテンツをつくった場合、「いいね」やプレイ回数、ダウンロード数といった数字による評価や支持を感じることはできますが、直接、目の前で楽しんでくれて、「おもしろい」と声をかけてもらえる体験は、比べ物にならないほどうれしいものです。

“モノづくり”のハードルが低いcluster

――cluster以外のメタバースプラットフォームでもゲームやワールドをつくっていますが、プラットフォームによる違いはありますか?

気軽にモノづくりに挑戦できるという点では、clusterが一番です。例えば、VRChatでクラフトするにはUnityという専門的なソフトが必要です。このソフトを扱うにはかなり専門的な知識が求められるため、初心者が気軽に挑戦するにはハードルが高いといえるでしょう。

また、ROBLOXではRoblox Studioというソフトをインストールしなければなりません。Unityに比べれば扱いやすいソフトですが、一朝一夕で使えるかというと難しいといわざるを得ないでしょう。

その点、clusterにはワールドクラフトやアバターメーカーというクラフト機能が組み込まれていて、初心者にとってかなり優しいプラットフォームだといえます。例えば、ワールドクラフトであれば、パーツをポンポンと並べていくだけでいろいろなものをつくることができます。Minecraftも同じようなクラフト体験ができますが、clusterは使えるパーツの種類が豊富なので、より自分の理想に近いものをつくることができます。

——メタバースでみんなに喜んでもらうゲーム制作のコツはありますか?

難しい質問ですね。例えば、従来のゲームをそのままclusterで再現しても、みんながおもしろいと思ってくれるかは未知数です。なぜなら、メタバースにおけるゲームワールドでは、プレイしている当人におもしろいと思ってもらうだけでは不十分だからです。ゲームをプレイしている人の周りには、その様子をのぞきこんで見ているだけの人もいます。あるいは、ちょっと離れたところで誰かとしゃべっているだけの人もいる。そのためメタバースでは〝ただ、そこにいるだけでもいい空間づくり〟が重要になるのです。「そこにきたら、何かやらされる」、「それ以外何もない」といったゲームワールドもありですが、過去に大ブレイクしたゲームワールドの傾向には当てはまりません。

〝そこにいるだけでいい空間〟とは何か。例えば、あるカードゲームができるワールドでは、プレイヤーがカードを引くのを眺めているだけの人がいます。そこで、カードの絵柄をclusterで活動しているクリエイターやイベンター、VTuberにしたり、誰が何のカードを揃えたといった情報をワールドにいる人たちに知らせたりすることで、大いに盛り上がっているのです。

また、ポーカーなどのカードゲームで負けて持ち金がなくなると、牢屋のようなところへ送られてしまうゲームワールドがあるのですが、牢屋に送られた者同士が牢屋での会話を楽しむようになって人気が出たこともありました。要はゲームだけでなく、会話が始まるきっかけになる何か、会話をして

もいいと思わせる場所づくりというプラスアルファの部分が大切なのだと思います。

──企業がつくったワールドでクリエイター心をくすぐられるのは、どんなときですか？

企業が保有しているIPなどを自由に使ってつくっていいといってもらえると私を含め、「つくりたい！」と思うクリエイターは多くいると思います。しかし、企業がつくったワールドでクリエイターができることは、不思議に感じるほどかなり限定的なものもある。仮に、はっちゃけたユーザーが羽目を外してしまうようなことがあっても、ユーザーが勝手にやったことだからと少し突き放すくらいの態度で、ある程度の自由さを持たせてもらえるといいですね。

あまりにも自由につくられるのはリスクがあると思うのであれば、好きなように写真を撮ってSNSで拡散して良い、というのでもいいんです。もしくは、ワールド自体やワールド内で使用するアイテムなどをクリエイターから公募してみるのも、おもしろいかもしれません。これはかなり盛り上がるでしょう。

クリエイターがワールドを思いきり楽しんでいる様子をSNSで拡散してい

くことでムーブメントが起きれば、メタバースの住人以外の人たちにも広がるし、メタバース自体の人口がもっと増えるかもしれません。もちろん、企業にとっても広告効果が向上していくはず。それは、ワールドをつくったぞという広告を出すエネルギー以上に、多くの人を惹きつける効果があると思います。

――メタバースにハマる人、ハマらない人の違いは何でしょうか？

ディープにハマるか、ハマらないかということであれば、つくりたいか、つくりたくないかでしょう。創作意欲のある人にとって、メタバースはその欲望を満たしてくれる場所だからです。

他には、メタバースという場所でコミュニケーションをとることに違和感がないこともポイントです。インターネット上でコミュニケーションを当たり前のようにとれる人や、Discordなどを使って音声コミュニケーションをとることに抵抗がない人はハマりやすいと思います。メタバースは誰かと会話しながら遊んだほうが楽しい空間ですからね。

もう1つあるとすれば、音楽に対して思い入れのある人も、ハマる可能性が高いと感じています。clusterをはじめ、メタバース上では音楽イベントが盛んに開催されています。自分でつくった曲を発表したり、踊ったりできるうえに、アバターを使って自分の顔を出さずに、作品を多くの人に聞いてもらえることに魅力を感じているクリエイターは大勢います。clusterであれば、ジャスラックなどに登録されている音源のカバー曲を自由に使うことができるので、人気のダンス曲をアレンジしてダンスイベントを開催する人もいたりします。

clusterはイベントを開きやすい機能が充実している点も、魅力だと感じています。イベントを荒らすような人がいたときにはブロックしたり、ミュートにしたりできますし、仲間内だけで集まることもできます。マイクを使える人、スクリーンに触れられる人を限定することも。また、参加人数の制限もかなり緩くて、普通に入れる人が100人、他の人からアバターが見えなくはなりますが、500人くらいまで参加できるイベントを無料で開くことができます。

何よりclusterは国産のメタバースプラットフォームで、治安の良さも折り紙つき。メタバースに限ったことではありませんが、なかには罵詈雑言が飛び交うようなプラットフォームへの不満を耳にすることもあります。常連だけで集まるのではなく、新規参加者を快く受け入れるカルチャーというのは簡単につくれるものではないので、そこもclusterの大きな魅力の1つでしょう。

熱量ドリブン ファンマーケティング新戦略

2025年4月25日　第1刷発行

著者　クラスター株式会社
発行者　鈴木勝彦
発行所　株式会社プレジデント社
〒102-8641
東京都千代田区平河町2-16-1
平河町森タワー13階
https://www.president.co.jp/
https://presidentstore.jp/
電話　編集 03-3237-3733
販売 03-3237-3731
販売　高橋 徹、川井田美景、森田 巌、末吉秀樹、大井重儀

装丁　鈴木美里
組版　清水絵理子
校正　株式会社ヴェリタ
構成　八色祐次
編集　川又 航

印刷・製本　株式会社サンエー印刷

ISBN978-4-8334-5257-1
Printed in Japan